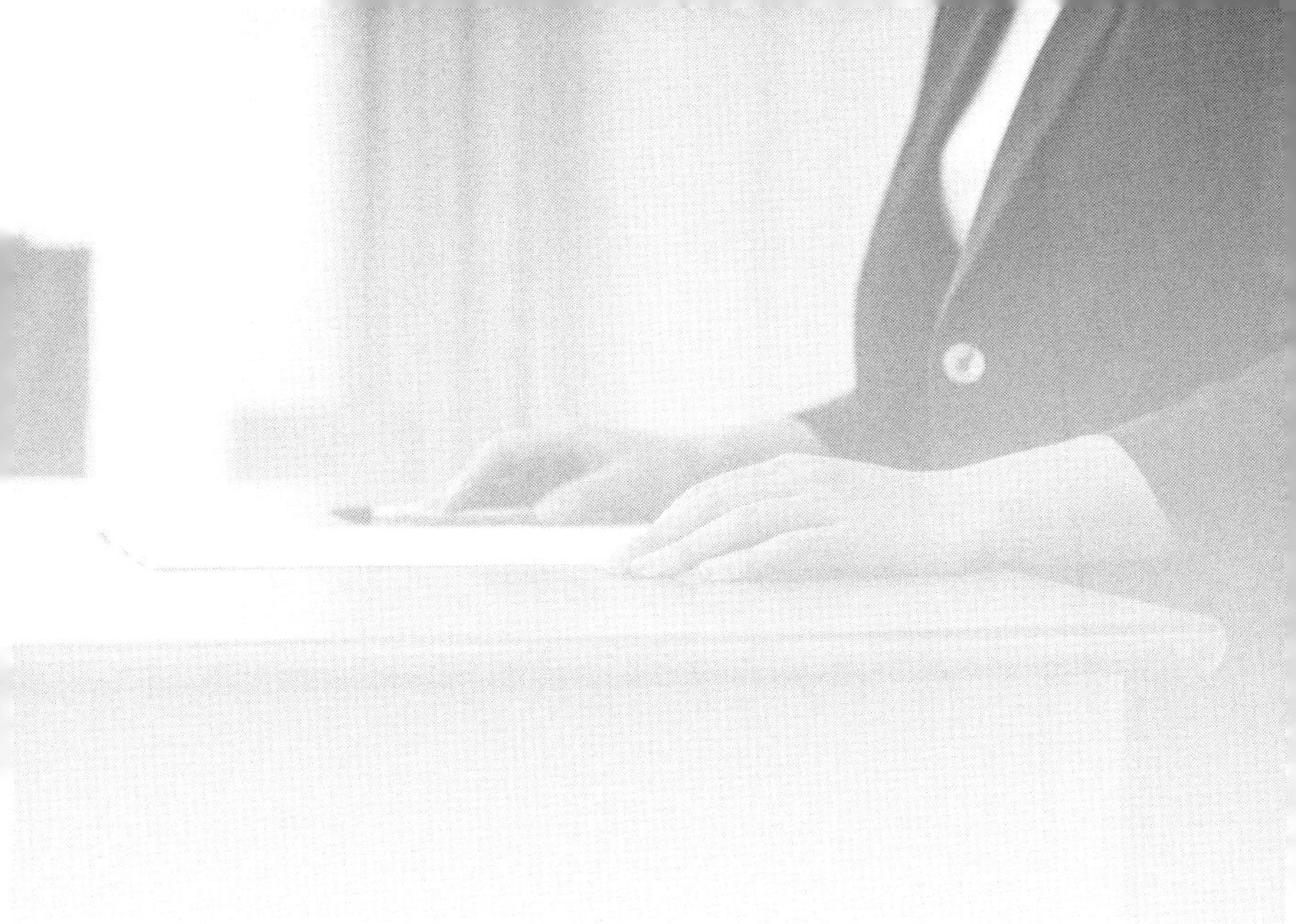

すばらしきかな、教師人生

先生が元気になる本

和田慎市
Wada Shinichi

共栄書房

すばらしきかな、教師人生——先生が元気になる本◆目次

第5章　教師人生での実践から学んだこと

第6章　教師の生き方

はじめに

この本のねらいと特長

この本は、全国の真面目に頑張り続けている教師とそのご家族を応援するものです。

昨今学校や教師は、いじめ・体罰をはじめとする様々な教育問題・社会問題の渦中にあり、マスコミや世間から厳しい批判にさらされることが多くなっています。確かに一部で、学校の対応や教師の指導に問題があることも事実ですが、皆さんや周りの同僚の仕事ぶりからも分かるように、多くの先生方は誠実に職務にあたっています。

これまで大学教授や教育評論家など有識者の方々が、全国の悩める教師のために、「いじめ対策」をはじめとする様々なマニュアル本、メソッド本を次々に出版されました。ところが中には理論・手法自体は正しくても、教師の使い勝手が悪く、実際の学校現場ではあまり役に立たない本もかなりあったようです。一体なぜなのでしょうか？

それは一言でいってしまえば、意思を持った人間（子供）を相手にする教育は、マニュアル通りにはいかないことが多いからです。究極的には、全国の児童生徒の数だけ教授法・指導法が存在するわけですから、「こうすれば必ず成功する！」などと、簡単に言いきれるものではありません。

私は教師人生の中で長く生徒指導に関わったことで、数多くの凶悪事件やトラブルを解決することができましたが、それは何かのマニュアルに従ったわけではなく、勤務校の組織・メンバーに支えられたことや経験上の勘、さらには運にも恵まれたことが大きかったからです。おそらく学校現場で難題を抱え、わらをもつかむ気持ちでマニュアル本を手にした先生方の中には、その通りに実践したもののなかなか良い結果が得られず、余計に自信を無くしてしまったり、本を読まれた段階で自分の学校・児童生徒にはそのまま実践できないことに気づき、途方に暮れてしまった方がかなりいるのではないかと思います。

確かに指導理論を身に付けたり、マニュアルを頭に入れておいたりすることは、教育指導の基礎であり大事なことではあります。しかし、現実にそれを個性あふれる様々な児童生徒達に対して臨機応変に適用し、迅速に実践できなければ何の意味もありません。これまでの「マニュアル本」は、先生方に本当の意味での自信と安心感を与えることができていなかったのではないでしょうか。

いずれにしましても、授業研究やクレーム対応など、個別のテーマについては有識者の方々が詳しく解説していますので、この本は専門書や指導書のようにスキルにこだわるのでなく、教師としてどう働いたらよいか、どう生きたらよいかを見つめ直し、読後元気が湧いてくるような内容としました。

具体的には、私の長年の教師経験から、教科担任・HR担任・部活顧問はもちろん、時には管理職の目線に立って、実際に先生方が学校現場で感じている素朴な疑問や悩み、要望などを掘り起こし、それらの問題やストレスの解消法をアドバイスすることで、少しでも元気になってもらおうと考えました。そして、エネルギーを得た先生方が自分の良さ・特徴を生かし、自信をもって職務を遂行できるように、また特に若い先生方がやりがいのある教師人生を長く続けられるようになればよいと思っています。

教育現場の実情を教師から発信する

ただ、残念ながら現場の先生方が元気になるだけでは、現在も進行している教育界へのバッシングの流れを変えられないことも事実です。これまで私に限らず、全国各自治体の教育長や校長をはじめ、数多くの教師や教育関係者が、繰り返し教育現場の改善を叫んできました。ところが、その提言がほとんど教育施策に反映されないどころか、逆に学校や教師が一層厳しい批判にさらされているのはなぜでしょうか？　情報発信の仕方でも悪かったのでしょうか？

私はその理由を独自に調べてきましたが、問題の構図はある程度わかってきました。単刀直入に言いますと、日本の教育界は百数十万人もの教師を抱える巨大組織でありながら、政治力・資金力・組織力に乏しく、他の権力機関とまともに戦える力がないからなのです。

政治力や資金力など、教育に純粋に打ち込まれている先生方の気分を害するような言葉を使いましたが、もちろん学校現場では、教師が児童生徒としっかり向き合い、損得勘定抜きの熱意あふれる教育が行われなくてはなりません。しかし、教師をはじめとする教育関係者が結束を固め、他の権力機関と対等な関係を築かない限り、そのような真の教育を行うことができる環境は、到底保障されないということなのです。

この深刻な閉塞状態から抜け出すためには、発想の転換をするしかありません。つまり、いつまでも世間が学校現場の真実を知りえない状況なら、逆にこちらから世間に向かって積極的に情報発信していくのです。そして、「児童生徒を自立した一人前の社会人に育てる」ために、教師が気兼ねなく教育にまい進できるような学校環境を再構築する取り組みを広げていくのです。これは個人ではとても難しいことですが、一緒に取り組む人間が何万人、何十万人ともなっていけば、国(政府)を動かすパワーにつながるはずです。

開き直りのすすめ

さて、皆さんのこれまでの教師としての働きぶりを振り返ってみてください。次のようなことに心当たりはありませんか?

- 疑問を持ちながらも、文科省や教育委員会の方針通り忠実に職務を遂行してきた。
- 生徒や保護者からの理不尽な要求に納得いかないながらも、我慢し冷静に対応してきた。

・上司や同僚の仕事ぶりに不満を持ちながらも、学校や生徒のために協力してきた。
・教育界で不祥事が起こるたびに周りや世間の批判が気になり、教師としての責任を感じながら頑張ってきた。

自分で責任を取らず、他人や社会のせいにして文句ばかり言っている一部の教師は別ですが、特にこれまで子供のため誠実に職務をこなしてきた先生方は、そろそろ周りを気にせず、正論を語ってもいいのではないかと思います。なぜなら教師には、目の前にいる子供をしっかり育てるために、周りからの批判や圧力に対してどうしても譲れないことや妥協できないことがあるからです。仮に正論を述べて上層部や外部と対立したとしても、そう簡単に身分まで危うくなるものではありません。私は在職中に失職を覚悟して取り組んだことが、覚えているだけで二度はありましたが、運にも恵まれて教師を続けられ、結果的に教職を全うすることができました。

軽はずみに無責任なことは言えませんが、特に教育においては、決断実行後の結果を完璧に予測することは不可能であり、事の成否は殊のほか運不運にも左右されることを、私自身リアルな体験から身に染みて感じています。どうせ黙っていても何か事が起きれば、学校や教師はすぐに批判の対象とされるのですから、時には「当たって砕けろ！」の開き直りも必要だと思うのです。

前置きが長くなりました。この本はマニュアル本のような「〜しなさい、〜するな！」といった命令調・断定調ではありませんので、肩の力を抜いて気楽に読んでみてください。そして、先生方には読後少しでも安堵し、教師としての自信を回復して元気になっていただき、得たエネルギーを学校現場では児童生徒のために、ご家庭では家族のために生かしてください。

さらには充電ができましたら、教育現場改善のため、世の中に向かって皆で第一歩を踏み出しましょう！

第1章　誤解されている教育現場と教師の実態

1 先生に元気がなくなった理由

近年、教員のうつ病による休職者数の増加や、教員志望者の減少などが新聞等でしばしば報じられています。実際私の周りでも、元気がなくなってきた先生が増えているように感じられます。

かつて教師は憧れの職業といわれ、教師自身も自分の職業に誇りと使命感を持った人が多かったものですが、なぜ今日のような状況に至ってしまったのでしょうか。

先生に元気がなくなった理由として、私は大きく次の四点を挙げることができると思います。

ア．管理職・同僚への不満や苛立ち
イ．児童生徒に対する教科指導・生徒指導への迷いや自信喪失
ウ．文科省や教育委員会からの指導・調査依頼と報告の増加などに伴う多忙感や抑圧感
エ．外部（マスコミ、市民、保護者等）からの批判や要求に対する焦燥感や諦め感

真面目に責任をもって職務にあたってきた先生方ほど、日々の職務や問題発生時に矢面に立つことが多く、内（教師・生徒）からと外（保護者や市民等）からの挟み撃ちにあって疲弊し

ています。その詳細について、一つずつ見ていきましょう。

まずアについてですが、「真面目に責任をもって職務にあたってきた先生方」と前置きしたのは、一部ではありますが、学校や真面目な教師の足を引っ張っている困った教師の存在があるからです。彼らは「わいせつ教師」のような犯罪者ではないため、世間一般にはあまり問題視されていませんが、実は教師が疲弊する要因の一つになっています。彼らが職場のモチベーションを低下させるのは、次のような流れではないでしょうか。

①教員は概ね職務の給与差がないので、校長は所属教員に校務を公平に割り振る。
②責任感や指導力に不安のある一部の教師にも担任や部活の正顧問を任せる。
③生徒や保護者から②の教師について、不満や苦情・訴えが寄せられる。
④特に公立学校の場合は公務員の身分保障があり、校長は注意や指導はできても人事権を持たないため、簡単には免職・左遷・減給ができない。
⑤児童生徒や学校を第一に考え、責任感・指導力のある教師に②教師の業務掛持ちを依頼する。
⑥結局真面目で熱心な教師はますます多忙となり、不真面目で無責任な教師はますます楽になる。

「だったら問題のある教師をやめさせろ！　勤務条件を厳しくしろ！」というような声が市民

から聞こえてきそうです。しかしながら、外部の方にはなかなか理解していただけないのですが、一部の教師が怠けているからといって、教員の待遇や勤務条件を厳しくしても学校は何も良くなりません。④のように、校長には免職できるような人事権がありませんから、県立高校の場合であれば、県や県教委が行使するしかありません。ただ、公務員を免職できるのは、犯罪行為や学校教育法・公務員法等に大きく抵触するような不法行為に限定されます。この困った教師のように、どの学校にも見られる、仕事の責任回避をするとか授業や部活の評判が悪いというようなケースは、教員評価にはある程度反映できても、停職・減給などの懲戒にはほとんど該当しません。

その教員評価も、生身の人間が相手だけに、児童生徒の評価・見方は必ず正しいのか、教師と接する時間が少ない保護者や評議員の評価は一面的ではないのか、といった信憑性の問題があり、教師を客観的に評価すること自体が難しいのです。

それでも校長・教育委員会が困った教師をシビアに評価したとして、どうなるでしょうか。言い方は悪いですが、人事権を握っている民間企業の社長なら、恣意的な人事をしたとしても社員はそういうものだと思うはずです。しかし評価そのものの妥当性が重視される教員の世界では、被評価者が的外れの評価だと受け取れば、実際に異議申し立てがなされたりすることもあるため、給与や懲戒にまで教員評価を反映させるのはリスクが大きいのです。

こうして無責任な困った教師が大きな不利益を受けることはありませんから、勤務条件を厳しくしたところで彼らはほとんどこたえません。それどころかますます仕事をせず責任逃れをするかもしれません。結局締付けのあおりで、余計に責任や職務を負わされる多くの真面目な教師の方が疲弊し、モチベーションが下がってしまうのです。

イについては、生徒の人権が重視される昨今では気が休まる時はないと思いますが、生徒の成長や感動的場面といった思いがけない喜びもあったりしますから、場合によっては、アよりも元気になれる可能性はあるでしょう。

ウについては、年々状況は厳しくなっています。今や何か子供が被害を受ける大きな事件が起こる度に、慌てふためく議会とそれにせっつかれる文科省は、何かしないと気が済まないようになりました。彼らは教育委員会を通じて、各学校にあれやこれやと一方的に改善や調査を指示するので、現場の教師はたまりません。余計な調査や報告、事務処理が増え、子供と向き合う時間が思うように取れなくなります。教師は子供のためなら時間をいくらでも惜しみませんが、非生産的な事務処理に追われるようになれば、疲れはどっと増してしまいます。

エについては、日本社会全体の問題でもあり、一人ではどうすることもできませんが、直接職務に関わることばかりではありませんから、時には愚痴をこぼしたりしてストレスを発散しながら、日常生活で距離を置くことも可能です。しかし、保護者からは逃げるようなことはできません。運悪くモンスターペアレントに出くわしてしまったら、毎日が憂鬱でとても元気などでないでしょう。

問題解決の優先順位

いずれにしても先生方が元気になるためには、これらア〜エに対する処方箋が見つかればよいわけですが、それは日常的な不満や不安などのストレスから解放されることを意味します。カウンセリングでもよく行われていますが、まずは日頃の仕事や生活上の疑問・悩みを、内に抱え込まないではき出し、少しでも気持ちを楽にすることです。その上で個々の問題やストレスを解消する具体的な方法を見つけ、実行していけばよいでしょう。

もちろん人と人とが関わる教育現場では、パーフェクトな解決法など簡単に見つかるものではありませんが、いくらかでも不安を和らげたり、解決の糸口を見つけたりすることができれば、精神的な負担はかなり減るはずです。

そう考えると、毎日の仕事に関わるアとイの問題の解消が先でしょう。そして悩みや不安がある程度解消し、日常生活で元気が出てくるようになってきたら、そのエネルギーをウやエにつなげていくのです。対外的な問題は個人ではとても解決できることではありませんが、全国百数十万人の教師達が力を合わせ、学校現場から粘り強く情報発信していけば、日本の教育施策を望ましい方向へ変えていくことも可能だと思います。

とはいえ、先に挙げたアとイは、いつの時代も教師にとって悩みの種であり、ある種普遍的な問題といえるかもしれません。近年の教師を取り巻く環境の変化を考えた場合、やはり外部要因が原因として大きいのではないでしょうか。そこで、具体的な日々の仕事における問題への対処法は次章以降で述べることとし、ここでは教育界を取り巻く環境の変化についてさらに考察してみます。

2　学校・教師の実態から乖離した世論

八つのギャップ

まず問題の背景として、長年にわたるマスコミ等の偏向報道や一部有識者の発言の影響で、国民の認識が教育現場や教師の実態と乖離してしまったことが挙げられると思います。

次に挙げる八つの見解は、現在世間ではほとんど肯定的に捉えられている事柄ではないでしょうか。

①教員（主に小中高校）の給料は、他の公務員や民間企業よりも高い。

②教員は一般事務職の公務員や民間企業より、夏休み・冬休みなどの長期休暇があるため恵ま

れている。
③教員は指導要録・調査書を書く権限を持っているので、子供・保護者より強い立場にある。
④教員は組合組織が強固であり、既得権益（勤務条件・給与等）を絶対手放さない。
⑤教員の犯罪発生率を他の職業と比較すると、全職種の平均よりも高い。
⑥いじめは犯罪であるから、学校や地域が一丸となって根絶しなければならない。
⑦大人と異なり、児童生徒の自殺はいじめが主たる原因であることが極めて多い。
⑧文科省が全国の学校にいじめや体罰の定期的な調査・報告の義務を課したことで、子供の詳細な被害状況を把握でき、問題解決がしやすくなった。

いかがでしょう。特に教育関係者でない方は「その通りだろう」と思われるかもしれませんが、実は八つすべての見解が、事実とは異なるのです。このような誤解が生じるのは、学校現場や教員の特殊性が、世の中（国民）にはほとんど知られていないことがあります。そこで、教師の立場から、一つずつ誤解を解いていきたいと思います。

①教員（主に小中高校）の給料は、他の公務員や民間企業よりも高い

まず、教員の給料を民間企業と同じ基準で比較するのは適切か、ということがあります。

民間企業は規模を見ても、従業員数名の零細企業から何十万もの従業員を抱える巨大企業まで千差万別です。また学歴についても、高卒・大卒者の占有率は様々です。当然平均年齢も企業間格差は大きくなります。

いっぽう公務員（教職以外）も、警察、一般事務などで一定割合高卒が採用されており、消防、郵政外務、清掃関係などのように高卒割合が多い業種も存在します。平成二三年度統計によれば、国家公務員に占める大卒（大学院を含む）の割合は五三・六％でした。

ところが公立学校（小中高）の教員は、免許状取得の関係もあって、九割以上が四年生大学卒以上であり、特に高等学校教員は九八・一％（平成二二年度）にもなります。また、小中学校教員は、教員免許状を取得するのに最も適した教育学部出身者が多いのですが、その大半は国公立大学に設置されています。つまり教員は、国公立四年制大学出身者の比率が高い特殊な職種といえます。

だからといって教師は皆頭がよくて偉いと言うつもりはないのですが、こうなると単純に給与を、民間企業全体や公務員全体の平均値と比べること自体に無理があります。データ上の差異は、学歴差や年齢差程度の給料格差ならば、合理性のあるものではないでしょうか。

また大卒だけで比較すれば、教育公務員は給与所得者全体の中では概ね平均よりやや上といったところですが、大企業と比べれば明らかに低くなります。製造関係の一般的な大企業に勤める私の九歳年下の身内男性（当時課長）と、ある時大雑把に年収を比較したことがあるのですが、私（当時教頭）のほうが約一〇〇万円少なかったのです。

②教員は一般事務職の公務員や民間企業より、夏休み・冬休みなどの長期休暇があるため恵まれている

①とも関連して、各方面から「他の公務員と比べて教職調整手当が四％つくから、教員は恵まれている」という声がよく聞かれますが、平日残業手当が一切つかないことを、身内に教師がいない方はほとんど知りません。

教員は、部活や学級経営・教材研究のためどんなに遅くまで残業しようとも、その労働時間は一銭にもなりません。土日祝日の時間外勤務手当も数年前やっと改善されたものの、相変わらず四時間未満は手当が出ませんし、文科省の定めた全国基準（自治体によって多少金額差がある）では、四時間以上で何時間働いても二四〇〇円です。平成二六年一〇月からは三〇〇〇円になるようですが、それでも民間からはかけ離れて低い水準です。以前は四時間以上で一二〇〇円でしたし、私の二〇代の頃（約三〇年前）は特殊勤務手当なるものは存在しませんでした。

つい三年ほど前、大企業に勤める親類にこの話をしたらびっくりされ、「それじゃ部活指導なんか好きでなければやっていられないね」と言われました。ちなみに一般公務員は原則平日の残業手当が出ますから（一応支給条件はある）、教員は教職調整手当でごまかされているともいえます。

もちろん中間管理職ではなく、担任でもなく、部活も課外授業も担当せず、いつも定刻で帰宅する一握りの教師にとっては確かに得かもしれません。しかし、最近のＯＥＣＤ調査により

ますと、日本の教師の一週間当たりの勤務時間は、加盟三四カ国中で最も多い五四時間です。規定の勤務時間は約三九時間ですから、単純に計算すれば月平均六〇時間以上の残業をこなしていることになります。

実際毎日部活指導に携わり、平日で二時間残業、毎週土日に試合等で生徒を引率するとなれば、あっという間に月一〇〇時間以上の時間外勤務になってしまいます。一ヶ月の残業が八〇時間を超えた場合は担当産業医の面談・診察を勧められますが、面談を受けたからといって、職場環境が改善されるわけでも、手当が増やされるわけでもありません。ただ制度があるから形式的に行われるにすぎないのです。

昔はこうした教員の勤務の特殊性をよく考慮してくれていて、平日や土日にサービス残業（ただ働き）した分を、生徒が午前中で放課となる定期テスト期間や、夏休みなど長期休業中、適宜内々に休みをとることでバランスをとっていたわけです。しかし現在は、テスト期間中も長期休業中も通常通り勤務し、休む時には正式に年休を取得しています。夏季休業中だけは三日間夏季休暇がありますが、その他は民間企業と同じ年二〇日の有給休暇があるだけです。

また大企業で見られるような「ゴールデンウイーク八連休」や、「年末年始九連休」などの休みのまとめ取りはありませんし、八月中旬のお盆休みも設定されず、まさに暦通りの勤務なのです。

③教員は指導要録・調査書を書く権限を持っているので、子供・保護者より強い立場にある

「調査書で生徒を手なずける」などというのは、遠い昔の話です。現在ではどの自治体でも情報開示制度があり、入試の点数どころか答案まで開示が可能です。

かなり前、私がクラス担任をしていた頃ですが、卒業後しばらくして遊びに来たある教え子が、こんなことをポロッといいました。

「先生、私の調査書メチャクチャ良く書いてくれていたんだね」

実は彼女の入社後だったと思いますが、就職試験用に学校が作成・提出した調査書を、直接目にする機会があったようなのです。所見欄の褒めちぎった文章を見て、少々驚いたのかもしれません。

この例に限らず、ほとんどの教師は生徒の合格を願って、嘘のない範囲で最大限に良いこと、優れていることを強調して書き綴っています。私は高校入試の調査書審査に十数年関わり、これまで中学校から提出された数千通もの調査書を見てきましたが、性格・行動上の問題点を明確に指摘した記述が見られたのは、片手で数えるほどです。おそらくその受検生は好材料が全く見当たらないことに加え、もし入学した場合、高校生活が極めて不安視されるからであり、無理にプラス材料を書けば虚偽記載等信用問題に発展する恐れがあるからです。他の九九・九％の受検生は、所見欄に必ず何か一つはプラス材料が書かれているものです。

先ほどの開示請求の制度化だけでなく、最近は調査書の記載内容を受検前に口頭で本人に伝

え、それを頭に入れさせて受検の面接練習をすることも当たり前になっています。つまり教師は、子供の態度などを見て所見の内容を操作するのではなく、受検生徒を合格させるために、また開示請求時などにクレームをつけられたりしないために、好材料を強調して書くわけですから、明らかに子供・保護者をサポートする立場にあるといえます。

④教員は組合組織が強固であり、既得権益（勤務条件・給与等）を絶対手放さない

実は、日教組をはじめとする教職員組合組織の加入者は年々減少の一途をたどっており、かなり弱体化しています。確かに特定政党を支援する政治的活動や権利主張などが、時々マスコミに取り上げられますが、あれは一握りの人達なのです。地域差はありますが特に高校における組合加入率は極めて低く、私の勤務した大半の学校は、教員数五〇～六〇名でしたが、組合員数名以下のところがほとんどであり、ある学校では組合員が一人もいませんでした。

確かに彼らは県や市の教育委員会等に勤務条件他の待遇面での改善要求を繰り返していますが、国や自治体の厳しい財政や公務員・教員批判がかまびすしい昨今、要求はなかなか通りません。公務員は平均的な会社員と比べればまだ優遇されていることは自覚していますが、近年、給与、年金、休暇・研修等の待遇は年々悪化してきており、既得権益など過去のものといえます。

しかも元々教員は一匹狼的要素が強く、一部の組合員がまとまっているだけで、民間企業（職業別組合）よりも団結力のない集団かもしれません。

⑤教員の犯罪発生率を他の職業と比較すると、全職種の平均よりも高い

前作『実録・高校生事件ファイル』でも指摘しましたが、教員の犯罪発生率は他の職業と比べて圧倒的に低いのです。平成二二年の警察庁統計によれば、教員の犯罪発生率は〇・〇三八％ですが、全職業人平均の犯罪発生率は〇・一八％であり、さらに無職者（学生、高齢者を含む）を加えた全国民の平均犯罪発生率は〇・二八％になります。二三年度は教員の件数が数％増加したため発生率は微増（〇・〇三九％）しましたが、ほとんど変わりません。

⑥いじめは犯罪であるから、学校や地域が一丸となって根絶しなければならない

いじめはある意味人間の本能的な行為であり、犯罪に至らないようなからかいやふざけといった軽度なものは日常的に発生しており、同類の行為は大人社会でも至る所で見受けられます。昔は生徒の問題行動は、暴行、恐喝、窃盗など明確に分類されていましたが、近頃は生徒間で発生したものは「いじめ」という大枠に含まれてしまうことが多いため、いじめ＝犯罪という誤解が生じるのです。

また平成二四年度の文科省のいじめ調査結果を見ても、実際に報告があった件数だけで年間約二〇万件にもなり、交通事故よりはるかに高い頻度で、毎日全国どこでも発生していますから、いじめの本質を踏まえれば根絶は不可能です。もし強引に達成しようとすれば、極度の管理教育などによりいじめが水面下に潜ってしまい、人間関係を壊したり心的ストレスを溜め込

んだりする子供達が急増することが危惧されます。

それから、事件への迅速な対処や正義感は大切なことなのですが、常に訴え者（いじめ被害の当事者または第三者）の主張が一〇〇％正しいと決めつけるのは危険です。実際の教育現場では複雑なケースが多く、犯罪には当たらない軽度ないじめはもちろんのこと、いじめに該当しないケースもあります。さらに、被害妄想や相手を貶める虚偽の訴えを起こすケースすらあり、現に私は幾度か体験しました。ですからいじめの対処・解決には慎重さや冷静さが必要なのです。

⑦大人と異なり、児童生徒の自殺はいじめが主たる原因であることが極めて多い

子供（小中高生）の自殺がいったん明るみに出ると、マスコミが判で押したようにいじめとの因果関係を徹底的に調べるため、さもいじめが自殺の一番の理由と受け止められがちです。しかし最新の文科省統計を見ると、いじめが原因だった割合はわずか二％であり、進路の悩みや家庭問題のほうが明らかに多い結果となっています。

もちろん子供に限らず、自殺には複合的な要因が絡んでいることはよくありますし、自殺の原因に触れることがタブーであったり、原因が本当にわからないケースもあったりしますので統計数値だけを鵜呑みにはできませんが、実際の数値と世間の印象とのギャップはかなり大きいことがわかります。

また、全国で年間約三万人近くもの多くの人間が自殺する状況にありながら、その圧倒的多数を占める大人に関しては、いじめ・パワハラなどを原因とした自殺が報道されるケースが極めて少ないと感じないでしょうか。確かに大人は子供より精神的に強く、いじめと同類の行為が原因とされる自殺は少ないかもしれませんが、仮に全体の数％程度だったとしても年間千数百人ですから、一日平均で約四人にもなります。

年代間でこのような大きなギャップが生じる理由は、いじめの類による大人の自殺を意図的に報道しない（重視していない）か、いじめによる児童生徒の自殺をかなり誇張しているかの、どちらかとしか考えられないでしょう。

⑧文科省が全国の学校にいじめや体罰の定期的な調査・報告の義務を課したことで、子供の詳細な被害状況を把握でき、問題解決がしやすくなった

教育現場の人間からすれば、直接児童生徒から詳細なアンケートをとることで、いじめ・体罰の実態や、詳しい被害状況が把握できると考えるのは短絡的といえます。

まずいじめについてですが、被害児童生徒は、学校や親などがいじめを解決してくれる可能性と、仕返しや仲間外れにされる可能性を天秤にかけ、後者のほうが強ければ、誰が対処するのかわからないようなアンケートには記入しない可能性が高いでしょう。

また、いじめは主観的要素が強く、具体的な判断基準や線引きが難しいため、自治体間や学

校間で取り上げ方に差が生じるなど調査の統一性に欠け、アンケートの有効性にも疑問が生じることとなります。さらに上部機関への煩雑な報告が目的化することで、逆に学校現場の負担や多忙感が増すため、かえって実際にいじめに対処する時間やエネルギーが奪われてしまいかねません。

次に体罰についてですが、体罰が事実であり、当該教師を指導・処分してほしいのであれば、アンケートなど書く前に教育委員会や警察に訴えているはずです。まして桜宮高校の事件があったわけですから、保護者（生徒）は自発的にどんどん動くでしょう。

さらに、アンケートを実施した場合、体罰らしき事実があっても、次のように申告しないケースが考えられます。

- 著名な指導力のある顧問のため遠慮してしまう場合
- 教師と児童生徒・保護者間に強い信頼関係がある場合
- 児童生徒が体罰とは認識していない場合
- 申告したら、自分の部や顧問がペナルティ（大会出場停止等）を受け、他の部員に迷惑をかけると考える場合

それとは反対に、次のような場合には、体罰がないかその可能性が低くても申告してしまうことが考えられます。

- 常日頃から当該教師の人間性や指導に不満を持っている場合

・主に同校の他部活や他校の同部活関係者が、ライバル意識などから顧問教師やその部活にダメージを与えたい場合
・児童生徒（部員）が現象面だけをとらえ、身体に対する有形力だけで体罰と判断してしまう場合

もちろん文科省基準に厳密に従った場合、学校現場では「許される懲戒」と思える行為まで、体罰と判断されてしまう可能性があることはわかります。しかし、例えば「頑張れよ！」とお尻を軽くパンと叩いた、「もうするなよ！」と笑いながら頭を平手で軽くはたいた、こういったケース（怪我も痕もなし）で、その教師と生徒・保護者間には信頼関係が築かれているのに、たまたま現場を見ていた（指導を聞いた）第三者が、県（市）教委に通報し、「身体に対する侵害」で体罰とされ、当該教師や学校がペナルティをうけたとしたらどうでしょうか。先生方の中には「やってられないよ！」と思う人もいることでしょう。

いじめと同様、体罰の判断基準や線引きも極めて難しいのです。確かなことは、誰が見ても刑法上の「暴力」が明らかな行為は「体罰以上」だということです。「体罰」はあくまでも指導における罰ですから、一般社会同様、感情の赴くまま一方的にふるった暴力は「体罰」ではなく、単なる「犯罪行為」です。

ところで、文科省の官僚（キャリア）は原則教師ではないため、生徒を直接教えた経験はほとんどありません。桜宮高校事件後の文科省の体罰規定を見ても、机上の空論に近いものでし

た。「罰掃除はオーケー、ペンを生徒に投げつけて当てるのはダメ」とは……。私は開いた口がふさがりませんでした。学校現場の指導ってそんなに杓子定規に区別できるものでしょうか。例えば次のような場合、現場の教師はどのように判断したらよいのでしょう。

- 罰掃除はいいということだけど、便器を雑巾で拭かせるのは？
- 校舎の廊下・階段全部を雑巾がけさせるのは？
- ペンを当てるのはダメということだが、当たらなかったら？　また、紙屑を丸めてぶつけるのは？
- 授業中何度注意しても寝ている生徒の机又は椅子の脚を蹴って起こすのは？

学校現場においてこの先判断に苦しむケースは、何百何千とでてくることでしょう。そして行為そのものの区別よりさらに判断が難しいのが、その体罰らしき指導が発生した時の児童生徒や教師、学校の違いです。

- 対象が小学校低学年と高校生との基準の違いは？（理解力や判断力の差）
- 進学校と教育困難校での懲戒にあたる行為の違いは？（問題行動・ルール違反の質や量）
- 授業崩壊クラスと規律正しいクラスでの指導の強弱は？（指導・注意の効果の差）
- 初めての指導と再三の指導での許容範囲は？（指導への順応性、累積の扱い）
- 優しい女性教師と強面男性教師での指導の許容範囲は？（教師と生徒の力関係）

こういった例を見るだけでも、「体罰」と「許される懲戒」との境界線を、文面だけで決められるものではないことがわかります。

それぞれ個別の意思を持った児童生徒は、学校現場ではマニュアル通りに指導しきれるものではなく、臨機応変な対処が必要だということです。ですから、体罰についてもいじめ同様、自治体間や学校間で統一性に欠け、アンケートの有効性には疑問符が付くのです。

3　教育界とマスコミの力関係

見てきたように、教育現場の実態と世間の見方はかなり乖離しています。このような状況が一向に改善されないのは、ひとえに教師側が情報発信力をほとんど有していないからです。なぜ学校や教師は、マスコミなどから一方的に攻撃されてしまうほど無力なのでしょうか？

それは、現場経験のある教師が日本の教育界を動かしていないからです。確かに地方自治体の教育長ポストは教員が半分以上を占めていますが、世間が思っているほどの力はありません。文科省、議会、首長や自治体などの意向に概ねコントロールされています。

医学界なら治療等で実績のある優秀な医師が、各医療機関や研究機関の要職につき、日本の医療をリードしています。他の職種でも、現場で実績・功績をあげた専門家がトップの地位まで登りつめるケースが多いでしょう。しかし、教育界はそれとは逆の特異な世界なのです。

日本の教育界をリードしている文科省キャリアや、有識者（大学関係者他）の方々は、そのほとんどが教育現場の生え抜きではありません。彼らの多くは学校（幼稚園・小学校・中学校・高校）で教科担任やクラス担任をした経験がないのです。大学の先生は確かに学生相手に授業をされた経験はあるでしょうが、義務教育や高校の教育とは明らかに異質なものです。

そういった実践経験に乏しく学校現場をよく知らない方々が、マスコミ、議会、世論などに煽られ、これまで教育改革や提言を繰り返し行ってきました。こうした学校現場を振り回すような施策や指導が、長く学校や教師を苦しめているように思います。

また教育界が無力であるもう一つの理由は、学校（教師）が対等に取引できる材料や交渉術を持っておらず、マスコミのウィークポイントをつくような反撃ができないからです。

なぜ教員の不祥事だけがクローズアップされるのか

最近は教育界に限らずどの業界・組織においても、日頃から不祥事防止について最善の予防策をとっているはずですが、それでも根絶などできないことは歴史が証明しています。しかしながら、発生した不祥事などの事件すべてが報道されるわけでもありません。マスコミが事件を知ったにもかかわらず報道しないのは次のようなケースです。

①報道する価値がない（世間の関心を集めない、視聴率が取れない等）対象の場合
②大スポンサーが対象の場合（スポンサー降板の収益減による経営危機）
③強い反撃（政治的圧力、全国組織的圧力等）が予想される対象の場合

④物・情報等で交換取引ができ、報道しなくても見返りがある対象の場合
教育界をこれに照らし合わせますと、まず①ですが、教師の事件は芸能スキャンダル的に市民もかなり関心を示しますから、報道価値は高く該当はしません。
②も、公立校は当然スポンサーになりえませんから、ごく一部の有名私立校を除いてほとんど該当しません。
③について、世間で力を過大評価されている日教組等は、前述したように内輪の教育委員会や管理職等への要求こそ強いですが、対外的な組織力や影響力は弱体化の一途をたどっています。また元来教師は個人的な言動が多く、全国規模で一体化してアクションを起こすような団結力も乏しいため、やはり該当しません。
最後に④について、「裏取引」としてお金はもちろん無理ですが、マスコミが欲しがるネタだからといって、例えば悪行をはたらく児童生徒の情報を学校から進んで教えるようなことも、生徒を売って学校の評判を落とす恥ずべき行為として到底できません。この他にも、マスコミが報道を控えることの見返り（交換材料）を、学校側は何一つ用意できないため、やはり該当しないのです。

さらに、学校側は、仮に事実歪曲等の偏向報道をされたとしても、すぐに否定や反論をすれば、報道を信じ切った児童生徒・保護者の感情を逆なでし、余計に問題をこじらせてしまうため、言動には慎重にならざるを得ません。

こうしてマスコミをはじめとする巨大権力や、それに影響された一部の市民からの波状攻撃に対し、やられ放題のサンドバッグ状態となってしまうのです。このような状況では、いくら内輪の人間が学校や教師の窮状を声高に訴えたところで、権力機関や世間一般には、「教師のわがまま・責任転嫁」としか聞こえないでしょう。

市民メディアの可能性

それでは私たちが、政府・議会や大マスコミなどを動かすにはどうしたらよいのでしょう。実はマスコミなどの論調を注視していますと、巨大権力機関が絶対に批判しない人達がいます。そのキーワードは「社会的弱者」と「市民」です。「社会的弱者」は子供、老人、障害者などですから、皆さんもすぐお分かりでしょう。それに対して「市民」は漠然としたあいまいな括りであり、広い意味では多くの人々がここに含まれます。しかし、私達は市民であると同時に、多くは個別の職業に就いていますから、次のような矛盾が起こりうるのです。

私が身分を明かして教師の立場から意見を述べれば、職業から「社会的強者」と見られ、マスコミや世間からは、おそらく冷ややかな受け取り方をされる可能性が高いでしょう。ところが、まったく同じ意見について職業を明かさず一市民として述べれば、今度は同情され、耳を傾けてもらえる可能性が高まるのです。なぜなら社会正義を謳うマスコミにとって、「市民」は支援すべき弱者であり、批判や無視をすることはできないからです。ここに私達が巨大権力に対抗できる余地が残されています。

ご存知の通り、現代ではインターネットを中心に、不特定多数の市民がかなり大きな影響力を持ち始めています。ネット上に公開した何気ない一言から政治家のブログが炎上し、辞職に追い込まれるケースなどはその典型と言えるでしょう。

ただ注意しなければならないことは、それらブロガーの言動の元となる情報は、結局大メディアから直接あるいは間接的に流されたものが多いということです。福島原発事故で明らかになったように、日本のマスメディアは政治家・大企業（電力会社等）とつるんで、彼らの不都合な真実を意図的に報道せず隠ぺいしますから、より慎重な行動が必要でしょう。

こうした厳しい現状を踏まえれば、私達市民レベルでできることは、既存のメディアに対抗できる新たな市民メディアを形成していくことです。

ただ、それがある程度軌道に乗ったとしても、特定個人が前面に出すぎてはいけません。今の日本では、出る杭は打たれます。たとえ市民メディアでも目障りな存在となれば、政・財・官のキーマンなどから、二度と立ち上がれないように徹底的につぶされるか、かつての少数政党の首相のように、取り込まれて操り人形になるかのどちらかでしょう。ですからまずはネットや地域社会を中心に、あくまで市民サークルのような組織として活動していくべきでしょう。とにかく、教師自身が情報を発信することが、現場で起きている様々な問題を解決するための第一歩となります。そのためには市民メディアの形成が必要であると私は考えています。

第2章　こんなときどうする——教師編

この章では、前章で挙げた「管理職・同僚への不満や苛立ち」について、私が先生方（主に一般教員）になり代わって、仕事上日頃から不満や疑問に思っていることを呟くとともに、要望を出したり、問題解決へのアドバイスをしていきます。先生方の境遇や立場によって該当する項目も違うでしょうが、改善への何らかのヒント・参考になればいいと思っています。

1　学校管理職（校長・教頭等）への不満や指摘

①教育委員会にいい顔ばかりするイエスマン

なぜ管理職は県（市）教委にお伺いばかり立てているのだろうか？　また、いつも教育委員会の要望や依頼を引き受けているけど、うちの管理職は断ったりとか、逆にこちらから提案や要求をしたりすることはないのだろうか？　最近は一人一台パソコンの普及で県教委の情報集中管理が進んでいるが、そのため県からメールなどを通じて調査や報告、新しい企画などの依頼が増え、事務処理等の対外的な業務のウエートが高くなった。おかげでクラス運営や部活動に関わる時間が削られ、子供達に向き合うことがどんどんできなくなっている。ぜひ管理職は、私達が腰を据えて教師本来の仕事に取り組めるように、県をはじめ外部から依頼される仕事を、もっと精査してほしい。

②校務の失敗やミスを恐れ、部下を信用しない

クラス経営方針とか、児童生徒へのちょっとした対応など、担任が一人でできるようなことにまで口を挟んできて、正直わずらわしい。もし学校管理下でミスなどによる事故が発生したら、学校が責任を問われてしまうことを恐れているのかな？　私の席までやってきては、あれこれ細かなアドバイスをするので、子供扱いされているようでやる気がうせてしまうし、いつも行動を監視されているようで精神的に落ち着かない。もっと担任（顧問）を信頼して、仕事を自由に任せてほしい。

③保身に走り、部下の責任を負わない

仕事のミスがあるとアドバイスを含め優しく接してくれるが、問題がこじれて大きくなりそうになると、責任を負うことを恐れるのか自分で決断せず、大事な判断まで我々部下に任せてしまう。悪い人ではないのだが気が小さく、自分の評価や出世を気にしているようで、いざという時頼りにならない。この管理職のために、とても職を賭してまでがんばろうとは思わない。

④外部の理不尽な要求に屈するなど、危機管理能力に欠ける

なぜ一部の保護者や地域住民の理不尽な要求に対して、毅然と対処せず、相手に要求されるがまま、安請け合いしたり謝罪したりするのだろうか？　直接の尻拭いは我々がやらなければならないし、一度味を占めたモンスター（ペアレント）たちが、さらに要求をエスカレートさせることがわからないのだろうか？

理不尽な要求に対しては、体を張って学校（児童生徒・教職員）を守ってほしいが、指導力・決断力に欠け、危機管理が苦手な人なのでとても期待できない。もし突然うちの学校で大事故や大事件が発生したら、いったいどうなってしまうのか怖くてならない。

⑤教育（学校）にはそぐわない市場原理を積極的に導入する

なぜ公立学校である我が校が、より良い児童生徒を確保するため、客引き競争のように闇雲に広報活動や宣伝に力を入れるのか？　公立学校は地域性を重視し、特に高校の場合は学校の特徴も鑑みて受け入れるべきである。また、教師は今在籍している生徒にしっかり向き合い、彼らを地道に伸ばしていく教育に集中するべきではないのか？

教育とは直ちに結果を求めるものではなく、また成果がすぐに表れるものではないので、ぜひ管理職には長いスパンの中で学校経営を考えてほしい。

⑥自分の力量以上に威厳を見せようとする

うちの管理職は、地位に異常に固執しており、「自分は地位も高く優秀な人間だ！」ということを、周り（部下）に示したいみたいだ。しかし、人間が持っている能力すべてが、部下より優っているパーフェクトな人物などほとんどいないし、特に教師は管理職以外にも、かなり優秀な人間が多い。

本当に自信のある人、余裕のある人は、平気で他人に自分の失敗談を話せると言うが、片意地張らずに人間らしい弱みを見せたほうが、返って親近感がわき、部下も話しやすいと思うのだが……。

⑦マスコミに頭が上がらない管理職

うちの管理職は何か記事に取り上げてほしい時、やたらと低姿勢に新聞社やテレビ局へお願いし、取材に来てもらっているが、中には「わざわざ来てやった」と言わんばかりに横柄な態度をとる記者もいる。こうしてマスコミへの従属関係のようなものが出来上がってしまうから、学校で一旦事故や事件が発生してしまうと、受け身で一方的な謝罪対応になってしまうのではないだろうか？

もっと普段から記者と対等で良好な関係を築けるように努力してくれていれば、事故が発生した時のマスコミの対応も、多少違ってくると思う。

⑧教員（自己）評価制度を遵守する姿勢

教員自己評価制度は、綿密に手間暇掛けて実施するものではないと思う。「自己評価」は、仕事がきちんとできる人ほど自分を厳しく評価する傾向があるなど、評価基準は人によって全く異なる。将来的に教員評価を給与や人事に反映させるようになれば、数値的な成果にこだわる自己主張の強い教師の評価が高くなり、その結果彼らが昇進したりするので、真面目で謙虚な教師達の不信感が高まり、教員組織はぎくしゃくしてしまう恐れがある。そうなれば児童生徒にも悪影響を及ぼすことになるから、校内ではもっと柔軟に評価制度を運用してほしい。

民間企業では、「会社の売上げ・利益にどれだけ貢献したか?」が勤務評価の大きなウェイトを占める。例えば自動車販売店では、一定期間に車を何台売ったかによって明確な評価が下せるから、それで給与の差が出ても納得のいくところだろう。しかし、それと同じように、例えば普通高校が国公立大学・有名私立大学への合格者数を教員評価に加えたらどうなるか? 合格したのは誰の力かといえば、生徒自身の要因がかなり大きいし、仮に何割か教師の指導力が影響したとして、教科担任とクラス担任の貢献割合はどうなるのか? また生徒自身の希望を二の次にして、偏差値の高い大学を受験させ合格した場合、生徒から不満や批判が出ても高い評価をするのか? もしこういった評価システムが定着するようになれば、新年度クラス編成や担任決めは醜い生徒獲得競争の戦場と化す。結局、我を通した教師が得をし、人の良い教師が割を食うことになる。

教育困難校での生徒指導も同様で、問題行動やいじめの発生件数を評価基準にしたら大変である。学校の環境やレベル、クラスの構成メンバー、もっと言えば運不運によっても生徒指導の件数は変わる。件数を減らすことを最優先すれば、各校で懲戒の基準を甘くしたり、隠ぺいしたりする行為は激増するはずだ。

だから教員評価制度を厳密に適用しないでほしいのである。

⑨コミュニケーション能力、調整能力に乏しい管理職

うちの管理職は、学問の専門分野では素晴らしい能力を持っているのに、人間関係づくりが下手で、部下をうまく使いこなせないようだ。自分の意志で管理職になったとは限らないので、同情の余地はあるかもしれないが、実際校内では困った事態になっている。トークや司会が下手で、教職員の意見をまとめられないため、中間管理職が意を汲みながら動くしかない状況だ。

管理職としては向いていないので、事務部門や研究部門に異動したほうがよいと思う。

⑩校長の手先としてロボットのように動く副校長・教頭

校長が信頼できる立派な人物なら、副校長や教頭が校長の言う通りに動いてもあまり問題はないが、うちのようにワンマンで、自分勝手に方針や具体策を決める校長だと大変である。暴走する校長を止めるのは副校長・教頭の役目だが、二人とも太鼓持ちでヨイショしまくるので、ますます自信を持たせて突っ走らせてしまい、どうにも止まらない状況だ。

このままでは職員会議などで誰も意見を言わなくなり、内心は悶々と不満が鬱積していき、

職務に支障が生じてしまう。

いかがですか？　年配の先生方ほど心当たりのタイプが多いかもしれませんね。

いずれにしても、不満を言い指摘をしただけでは、ある程度の発散にはなっても現状は変わりませんので、次に問題を解決する方策を考えてみましょう。今回は管理職の先生方に直接要望するスタイルをとりますが、使えそうなアイディアがありましたら、実際何かの機会に上司を介するなどして、ぜひ試みてください。もちろん管理職の先生自身が読んで、直接役に立つようであれば一番良いのですが。

2　学校管理職（校長・教頭等）への要望

①校長が必ず校務の最終責任を負い、所属校職員に安心感とやりがいを与える

学校を良くするための最も効果的な方法は、管理職や上司を信頼し、意気に感じて働いてくれる教師（部下）を増やすことです。教師は仕事柄、クラス担任や部顧問など一人で職務をこなせる人が多いので、基本スタイルとしては、部下を信用し、責任感を持たせてある程度自由に取り組ませれば、校務が効果的に遂行され、学校に活気がみなぎるはずです。

私がかつて勤務した、年間百数十件もの生徒指導（懲戒指導）があった超教育困難校は、正

義感とやる気にあふれた熱い教師が多く、私の教師人生の中で最高のメンバー（集団）でしたが、それは責任感のある信頼できる管理職がいたからでもあるのです。

②管理職自ら勤務校を母校と思い、骨をうずめる覚悟で学校運営に取り組む

これは私が、いつも後輩の教師に言ってきた言葉でもあります。静岡県の場合ですが、現在管理職の一校平均の勤務年数は二〜四年とかなり短いこともあり、残念ながら次の赴任先ばかり考え、心ここにあらずと言った校長がいることも事実です。たとえすぐに人事異動や登用の新たなシステムが実現しなくても、校長が勤務校を母校と思い、骨をうずめる覚悟で真剣に取り組んでくれたならば、どんなに校務が忙しく大変な仕事を抱えたとしても、意気に感じて取り組んでくれる教師が増えるはずです。

③教育委員会とはギブアンドテイクの対等な関係を保つ

教育委員会事務局内には、縦割り教育行政に苦しみながらも、学校の実情についてかなり認識している教師の方が結構います。ですから、教育委員会から一方的に指示や依頼された案件であっても、時期や受け入れ態勢等、学校運営上何か問題がある場合は、断りや変更をお願いしても認めてもらえる可能性があります。また、引き受けた場合、実際に仕事を担当してくれる所属教職員の立場を十分理解を示したうえで、時には依頼内容をストレートに伝えすぎずソ

フトにお願いする姿勢は、気持ちよく働いてもらうために必要なことです。

さらに、学校や児童生徒・教職員のために、こちらから教育委員会へお願いや提案することも遠慮しないでください。こうしたお互い本音で語れるギブアンドテイクの関係を築くことが、外圧にも負けない教員の組織力につながるのではないでしょうか。

④結果を恐れず、「失敗してもクビにさえならなければいい」くらいに開き直る

今の時代、児童生徒の事故や教職員の不祥事など、学校（管理職）の管理・監督責任を問われるケースは増えています。しかし、どんなに用意周到に防止対策を施しても、突発的偶発的な事故はどこかで必ず起こるものです。もし不条理な訴えや事実誤認をされたりすれば、当然誤解を解こうとして必死に対処すると思いますが、必ず良い結果に結びつくとは限らず、運悪く監督責任を問われることもあるでしょう。しかし、良いではありませんか。そうなったら自分の運命と割り切り、「クビにさえならなきゃいいや！」と開き直ってみてください。自らがわいせつ・セクハラ行為や、金品授受などの汚職行為、飲酒運転をしたわけでもなければ、「免職」になることはまずないでしょう。

私自身は、職を賭す覚悟で判断・実行したことが二度はあります。妻子の面倒を見なくてはならないのでさすがにクビにされると困るわけですが、それ以外なら元々地位に固執していませんでしたから、左遷されようと減給されようとどうってことはありません。そう思ったら気

が楽になり、逆に心の余裕が生まれ、冷静で的確な判断ができたのか、結果的に私は減給も戒告もなく退職を迎えることができました。本音を言えば、妻のためには退職金が減らされなくてよかったなあ、とは思っています。

⑤絶対納得しない保護者や住民がいることを想定し、ぶれない現実的な対応をする

人間同士の行為にまず一〇〇％はありません。日本人の特徴なのですが、なぜか「自分が一生懸命努力して誠意を示せば、相手は必ず理解してくれるはずだ」と思っている方が結構多いのです。確かに日本人は真面目で誠実な人間が多いので、おそらく誠意を示せば九割がたの人は理解してくれると思います。しかし逆に言えば、一部にはいつまでたっても話が通じない人がいるということです。本当に残念ではありますが、世の中には絶対に交わらない人がいることを、私は長い教師生活の中で何度も経験しました。

一番印象に残っているのはモンスターペアレント同士の対立です。ある時、校内で女子生徒が同級生（女子）の態度に腹を立て、一発殴ってしまったという暴力事件がありました。殴った生徒の保護者は母親で、瞬間湯沸かし器のように興奮しやすく、これまでも納得いかないことがあると学校へ何度も怒鳴り込んできたことがありました。一方被害生徒の保護者は父親で権利意識が強く、不利益を被ることには絶対譲らず、冷静沈着にその賠償を要求してくる非情なタイプでした。

私は二人と直接話をしたのですが、それまで対応してきた保護者と比較してそのモンスター度は共に超級でした。心配した通り二人がお互いの持論を主張して対立を始めたため、私は上司から両者をうまく仲介するように指示されたのですが、即座に反対しました。なぜなら、長年の生徒指導の経験から、この百戦錬磨の保護者同士を和解させることなど不可能だと直感的に悟ったからです。その後、私の意見が聞き入れられ、保護者の問題は当事者同士に任せ、学校は加害生徒の懲戒や謝罪、両者（生徒）の仲直りなどの指導を行いました。結局、保護者の対立はさらに深まり、父親が娘を連れて警察に被害届を提出したため、学校で警察の現場検証が行われる事態となりましたが、どちらの親も学校を批判の矛先とすることはありませんでした。

管理職の先生の中には、「問題解決から逃げてずるい！」と思われた方がいると思いますが、実はこの諦めが時には必要なのです。世の中のずるさや駆け引きに疎い真面目な先生方が、責任感や正義感だけで超級モンペをまとめられると思いますか？　深入りすればするほど相手は学校責任を追及してきて収拾がつかなくなります。こういったケースでは「急がば回れ」で、保護者とは時間をかけ、それぞれ個別に関係づくりをしていく方が得策なのです。

また、理不尽な要求やクレームに対しては、聞く姿勢は謙虚であって良いのですが、冷静であっても譲らない毅然とした対応が必要です。教師への苦情や訴えに対しては、その教師の信頼度や人間性にもよりますが、すぐ全面的に謝罪するのではなく、詳細を調査したうえで後日報告するように持っていくのが常套手段です。調査した結果、もし教師に正義があれば、彼（彼女）を守るスタンスをとりながらも、相手のタイプを考え上手に対応する必要があります。とにかく誠意を示せば全ての人が理解してくれるとは思わず、時には対立することを踏まえて長期的な展望に立ち、ぶれない腰の据わった学校運営をすることが、長い目で見て内外の信頼を得ることにつながるはずです。

⑥学校を理解し協力してくれる外部の有識者・マスコミ関係者を作る

すでにお分かりのように、私は基本的にマスコミ報道の在り方を問題視しているのですが、だからと言って、正面切って戦ったところでまず勝ち目はありません。そこである時思い切って発想の転換をしてみたのです。その結果、批判ばかりして対立するのではなく、こちらから歩み寄り、学校の実情を正しく把握してくれるような記者やアナウンサーをはじめとする報道関係者の方を、少しでも増やしていくことが必要だと気づきました。

超教育困難校の特異な体験はともかく、学校現場の実態をつぶさに見てもらえれば、優秀な方が多い業界なだけに、児童生徒の抱える問題や生徒指導の実態、教師の多忙や疲弊など、教育現場の真実や問題点にだんだんと気づいてもらえるのではないかと思うのです。

私はある時ひょんなきっかけで、民放のアナウンサーの方とお酒を飲む機会を得て、楽しいひと時を過ごすことができました。先生方も普段から気軽に連絡できる報道関係者が一人でもいれば、何か大きな事故が発生した時に、しっかりと学校の言い分も聞いて、偏見なく報道してくれる可能性があるとは思いませんか？　ぜひ報道機関にセレモニー記事掲載などを依頼した時に、信頼できそうな記者の方がいたら交流を深めてはいかがでしょうか。

⑦無責任で仕事をしない一部の教師のわがまま（希望・要求）を通さない

この本は教師を応援するためのものですが、残念ながらどの学校の職場でも、一部に〝困ったちゃん先生〟がいることも事実です。多くの常識ある先生方は、わざわざ人間関係を壊そうとは思いませんので、やる気のないわがままな教師にもなかなか文句が言えません。そんな時は、やはり管理職が嫌われ役になって注意するしかないでしょう。

大半が同じ身分の「教諭」であり、職能給がなく職務給もわずかである教員の世界では、どんなにやる気がなく仕事量が少なくても、基本的に同じ給料がもらえますから、彼らのわがままを放っておけば、真面目で仕事熱心な先生にどんどんしわ寄せがいき、それが教師のモチベーションを下げ、学校運営にも支障をきたします。普段は優しく教師のサポートをされている管理職の方も、真面目に頑張っている先生に被害が及びそうな時は、権限を発動するしかありません。

私は元来、人に命令・指図するような管理的な仕事が嫌いだったこともあり、少々ちゃらんぽらんな先生に対しても、生徒に対する姿勢さえ悪くなければ、目くじら立てて注意するようなことはありませんでした。そんな私が管理職時代に教師を厳しく指導したのは、生徒に対するセクハラ的行為があった時です。普段は教師を守る立場で声をかけるなどサポートしていたのですが、一旦教師を指導しなければならなくなったら中途半端にはやりませんでした。中には私の指導に不満を持ち、（当該教師の）親が学校に文句を言って来たり、精神的な不調をきたしたとして訴えられたりしたこともありました。しかし、児童生徒への不適切な行為が一線をこえたら、注意・警告どころではなく、失職にもつながってしまうわけですから、その先生の身を守るためにも、危機感を持ってもらう意味で厳しく注意したのです。

私は当該教師から何を言われても動じませんでしたが、ただ一度、自宅に脅迫的な葉書が届けられた時だけはかなりヒートアップしました。この葉書を見た妻に、危害を加えられるのではないかと極度の不安を抱かせたことが許せなかったのです。再び続くようなら訴えることも辞さずにいましたが、幸い終息に向かい安心しました。

管理職の先生方、たまに厳しい指導をしても、多くの真面目な教職員から見て、「あの先生なら注意されて当然！」と納得できるようなら、かえって管理職に信頼を寄せてくれますから、頑張ってください。

⑧ＰＴＡ会長などと仕事以外でも親交を深め、気楽に相談できる関係を作る

ＰＴＡ会長や幹部の方とは、学校などで行う会議以外に夜の懇親会なども積極的に利用し、

常日頃から人間性も含めて相互理解を深めておけば、学校と保護者間でトラブルが起こった時には、学校に協力して調停や仲裁など、積極的に引き受けてくれると思います。

私の場合、人との出会いには恵まれ、管理職になってから三人ものＰＴＡ会長さんと親交を深めることができ、様々なＰＴＡ活動や資金援助を通して学校を助けていただきました。五〜一〇年経った現在でも時々飲みに行くなど、楽しくお付合いさせてもらっています。

⑨能力は高いが出世を望まない〝生涯一教師〟を学校現場で生かそう！

教員社会の特殊性は、よく「教師の常識は社会の非常識」と揶揄されたりしますが、決してマイナスばかりではないことを先生方はよくご存じのはずです。何か事件が起こると、世間は、「教師は評価や出世を気にして隠ぺいするなど保身に走る」と批判をします。しかし、それは一部の先生であって、教師は最も出世（管理職）を望まない割合の高い職種の一つ、というのが実態ではないでしょうか。教員組織が民間のようにピラミッド型ではなく、一部の管理職と大半の教諭・講師で構成される鍋蓋型であることや、管理職手当が基本給の八〜二五％程度しかないこともその理由の一つでしょうが、一番大きな理由は「授業や部活動を通して直接児童生徒を育てる」ことを教師の本分と考え、そこにやりがいを感じている教師が多いことです。

皆さんの職場（特に高校）にも、管理職より優秀な仕事のできる平教員は必ず何人かいるでしょう。ですから管理職は、高い志を持ち指導力がある教師に対して、権威主義や変なプライドを捨て、能力を正当に評価した上で細かな管理をせず、信頼して職務を任せたほうがかえって彼らの向上心や忠誠心を高め、学校運営上大いにプラスになるはずです。

⑩どんな状況下でも、教育の基本を忘れない

近年日本では、国や文科省から組織が変わる度に、また大事件が起こる度に、次々と新しい改革やそれに伴う施策が打ち出され、全国の教育委員会や学校に上意下達されてきました。これまで進路（出口）指導の過熱、市場原理導入による熾烈な学校間競争、調査・報告・研修・事務処理等仕事量の増加などに学校現場は振り回され、教師が児童生徒とじっくり向き合って指導する時間が減ってしまいました。どうか管理職の方は今一度教育の基本である「子供を立派な社会人に成長させる」に立ち返り、目の前にいる児童生徒をどう育てるかを最優先に考え、彼らの人間的な成長につながるような実質的な指導や活動を、学校独自に実施してほしいと願っています。

3　同僚教師への不満と修復へのアドバイス

改めて三十数年間の教師生活を振り返ってみると、勤務校により多少差はありましたが、学校はだいたい次のような教師の割合で構成されていたと思います。

ア．優秀で仕事熱心な、指導力のある教師……二〜三割
イ．真面目にきちんと職務をこなす教師……五〜六割
ウ．職務に消極的又は指導に不安のある教師……一〜二割
エ．他の教師や校務に重大な損害を与える教師……一〜三％
オ．犯罪者となり学校を危機に陥れる教師……〇・一％以下（警察庁統計より）

このように、学校現場では八割以上の教師はきちんと職務をこなしており、ニュースで世間をにぎわすようなわいせつ教師、触法教師は、警察庁統計によれば、オのようにほんの一部です。しかし、逆にどこの学校にもウやエのような、さらにはイの中にも一部、ちょっと困ったタイプがいます。

そんなわけで最初に、私の長い教師人生の中で出会った「ちょっと困った教師」を、一〇のタイプに分けてみました。管理職同様、皆さんの職場に照らし合わせてみてください。またタイプごとに、彼らの相手をする時のワンポイントアドバイスも付けましたので、何かの場面で参考になれば幸いです。

①周りと協調できない教師

会議ではほとんど自分の意見を言わないし、職員室でも同学年職員とあまり話をしたことがない。また、アフターで飲食やカラオケに誘っても来たことはない。こちらがアドバイスしよ

うとしても、耳を傾けない意固地なところがあり、クラスや部活内で生徒指導の問題が発生した時に、自分一人で抱え込んで処理しようとして、よく問題をこじらせている。

〈アドバイス〉

このタイプは一人で矯正させようとしても難しいでしょう。性悪な人間でなければ、学年や分掌メンバー皆で輪の中に入れるようにやんわりと繰り返し誘ってみましょう。それでもだめなら、この教師が原因で校務上のトラブルが発生したタイミングを見計らって、管理職等に率直に相談したらどうでしょうか。

②地位や名誉に固執し、出世欲が強い教師

やたらと人事情報に詳しく、聞きもしないのに校長・上司の経歴や、次の異動先を説明してくれたりする。自分の業績を校内外でやたらと吹聴し、管理職や教育委員会に認めてもらおうとするのが見え見えで鼻につく。確かに仕事は早いので、ちょっとおだてると謙遜したふりはするが、明らかに自慢げな表情を浮かべる。

〈アドバイス〉

このタイプの人は元々生き方の違いがあり、やる気がないわけではないので、ある一定の距離を保ちながら適度に相手をしてあげましょう。いちいち目くじら立てて反論しても相手は堪えませんし、また変わる可能性も少ないからです。

③競争心がやたらと強い教師

他クラスや他学年をいつも意識していて、定期テスト、小テスト、学校行事など、順位がつくものなら何でも、自分のクラスの生徒達を煽って勝とうとする。やる気や熱意はわかるのだが、子供を育てることより自分が勝ちたくてしょうがないみたいだ。そのうちどこかで生徒達がついていけなくなり、クラスが崩壊しないか心配だ。

〈アドバイス〉

あなたのクラスを活気づけるため、この教師のクラスと一緒に競争すること自体はよいですが、結果にはこだわらずに、こちらが「負けるが勝ち」といった気持ちの余裕を持ちましょう。この教師のクラスが優勝しても、平然と微笑む余裕のスタイルを学年全クラスでしばらく続ければ、競争することしか頭に無い彼（彼女）は拍子抜けし、生徒に結果ばかりを求める異常な指導もセーブされていくのではないでしょうか。

また、もしこの教師のクラスの授業を担当していたら、できる範囲内で生徒達のストレスを少しでも発散させてあげるとよいでしょう。

④進路実績至上主義の教師

自分のクラスや学年、さらには学校の進路実績を上げることに躍起になっていて、模試などのデータ収集・分析をいつも精力的に行っている。時々進路情報をもらい、助けられることはあるのだが、生徒の希望や適性よりも有名校・上位校に合格させることが目的化している。彼自身、難関校への合格や合格数を増やすことが、学校・教師の評価のすべてのように思い込んでおり、その目的のためには学校行事や部活動を犠牲にしても仕方がないと考えているようだ。生徒達の今後の人生に、人間教育をおろそかにした付けが回ってこないだろうか?

〈アドバイス〉

現実的に普通科進学校では主流派に属するようなタイプですので、あなたがクラス担任なら、学力向上や進路情報に関しては耳を傾けたほうが、進路指導をする上でもよいでしょう。ただ進路先（受験先）などの指導は、生徒の適性や希望を考慮してあなた自身の考えで行えばよいと思います。また、この教師の進路指導が学校の指導方針に合致しているなら、人事異動希望（公立学校の場合）の時などに、率直な意見を管理職にぶつけてみてはどうでしょうか。もし歩み寄れる余地がまったくないのなら、新たな可能性を求めて転勤希望を出すのもよいでしょう。

⑤外部からの期待や要望に忠実に応えようとする教師

自己目標設定を真剣に考え、丁寧に行うのは良いことだが、生真面目に管理職や外部の要望に応えようとしすぎて、多岐にわたる目標設定をするなど、あまりにも高すぎる目標値を定めている。毎年のように、年度末になると目標達成が難しいことがわかり、悩んだり自信を無くしたりしている。この先生はいつも数値や評価に縛られているようだが、一体何のために生徒を指導しているのだろうか？

〈アドバイス〉

もし人柄が悪くなく気楽に話ができる先生なら、笑ってあなたの失敗談でも話してやってください。また、アフターなどで、息抜きや遊びの必要性も実感させてあげるとよいでしょう。

⑥いつも文句ばかり言っている教師

いつも自分から発案や企画をしたことがなく、仕事も最低限の言われたことしかやらないのに、「仕事が大変だ！」とか「仕事の進め方がおかしい！」と、文句ばかり言っている。そして、ある行事や企画がうまくいかなかったりすると、すぐ発案者や責任者を批判し、責任追及をする。それならと代役を頼もうとすると、「自分は忙しい、その立場にはない」と言って引き受けない。また、飲食会の度ごとに非建設的な管理職や上司批判の話ばかり聞かされて、料理がまずくなってしまう。そのうち、我慢の限界に達した学年部や分掌の教員とトラブルにならないか心配だ。

〈アドバイス〉

学年（分掌）全体で協力が必要な仕事なら、とりあえず皆でヨイショしてやる気にさせ、仕事に巻き込みましょう。反対にこの教師がいなくても影響がないようなら、衝突のストレスを溜めないように、放っておいて仕事を進めてもよいでしょう。

あなたが非難や攻撃の対象になっても、まずはまともに相手にしないで聞き流しましょう。それでも一向に収まらずエスカレートした時は、周りの仲間と協力し、皆で一緒に相手の問題点を冷静かつストレートに指摘し、ギャフンと言わせてみてはどうでしょうか。

⑦仕事に後ろ向きで、常に楽をしたがる教師

大人しくて人は悪くないのだが、仕事を頼もうとすると、家庭の事情や健康上の理由を持ち出してなかなか引き受けない。特に周りの教員に直接害を及ぼすことはないが、担任を引き受けようとせず、分掌も楽なところを渡り歩くなど、上手に責任のある仕事や大変な仕事を回避している。うちは生徒指導が楽な学校なので、できるだけ居座ろうと水面下で画策しているようだ。この先生がうちの学年にいるために、学年主任をはじめ、他の教師の仕事量（残業）が増えてしまい、不満が募るばかりだ。

〈アドバイス〉

人当たりが良くて悪い人ではないため、同僚が面と向かって文句を言うのは難しいでしょう。この場合は、管理職に解決してもらったほうがよいと思うので、思い切って誰かが管理職に打ち明け、実態を把握してもらうとともに、翌年の校内人事に反映してもらったらどうでしょうか。まともな管理職であれば、おそらくこの教師のマイナス要因については気づいているはず

ですから。

⑧生徒に嫌われたくない教師

生徒を褒めてやる気にさせること自体は当然良いことなのだが、やたらと「生徒のため」を連発して、生徒が気に入ることとしかしない。生徒に嫌われたくないため、生徒指導もほとんどしない（できない？）。また、子供を教育する信念がないので、生徒達はその本質を見抜き、先生をおだててまさに自分たちのやりたい放題だ。この先生は、自分の授業形態が周りのクラス・生徒に悪影響を及ぼすとは思っていないから余計にたちが悪い。

〈アドバイス〉

もし、あなたが授業や学年指導、生徒指導で関わりがあれば、この先生が内心は手に負えなく困っている生徒を、あまり表に出ない形（この先生を面と向かって批判しない）で独自に指導し、規範意識等を身に付けさせていきます。しばらくすると、この先生があなたの指導に気づき、恩義を感じて協力的になる可能性はあるでしょう。

⑨問題のある生徒から逃げる教師

体罰を行うことはよくないが、教師が指導を放棄することも問題だ。この教師は成績不振生徒の個別指導を、「どうせやっても無駄だ」と諦めて手を抜き、簡単な課題提出で済ませてしまったり、授業態度の悪い生徒に何も注意せず、「触らぬものにたたりなし」的に無視したりしている。これは教育者として生徒に対する最もひどい仕打ちではないのか？

〈アドバイス〉

まずは、同学年、同教科の先生方皆で、少しずつ危機感を持たせるサインを出していくことです。指導放棄などで訴えられて困るのは正に当人ですから。それでも年配の先生だったりすると、それ以上ははっきりと言いにくいので、改善がみられなければ、学校の責任問題になる前に教務主任か管理職に情報提供し、対処をお願いするしかないでしょう。

⑩生徒への思いが強すぎる教師

「生徒のためならどんな努力も惜しまない」という前向きさは教師として大切な考え方ではあるが、若さからなのか思いばかりが強すぎて、周りが目に入らなくなっている。生徒のために際限なく時間をかけ、同僚のアドバイスも聞かず突っ走っているので、そのうち経済困窮家庭の借金を肩代わりするとか、とんでもない泥沼にはまってしまわないだろうか？

〈アドバイス〉

意欲や熱意は十分持っていますので、方法さえ間違えなければ教育界に十分貢献できる人物でしょうね。職場内でこの先生に一番信頼されている上司・先輩に忠告やアドバイスを頼むのが最も賢明な方法でしょう。

以上のような、「ちょっと困った教師」と接する時の全般的な心構えをまとめておきます。

・このようなタイプの教師がもし学年・分掌内にいたら、できるだけチーム（複数）で相手をするようにします。

・ある程度の気遣いは必要ですが、児童生徒が明らかに不利益を被る時には、組織や個人として、きっぱり反対や拒否することも大事です。

・自分や同僚の職務・人権が明らかに侵害されるようなら、管理職や教委への通告を相手に匂わせるなど、プレッシャーをかけて対抗します。それでも止まなければ本当に管理職などへ通告しましょう。

4　先生自身が元気になるためのメッセージ

児童生徒・保護者・先生など、様々な多くの人間と関わる教師は、人間関係が複雑に絡み合うため、他よりストレスが多い職業だといわれています。実際どうしたらストレスを解消できるのか、また問題が解決するのか、特効薬のようなものはありませんが、私の長い教職経験から、いくつかヒントを伝えたいと思います。

①生徒指導は様々なタイプの教師が集まりチームを組んで行う

今の個性あふれる児童生徒を指導するには、様々な人間性や指導法を持った教師達が協力し、チームで行わなければ対応できません。特に教育困難な学校ほど、生徒指導の苦手な先生も引込み、「叱り役」「説得役」「励まし役」など、チーム内で上手に役割分担や連携をして指導に当たっています。二人でコンビを組む時も、性格や手法の異なる先生同士のほうが最初はお互いぎくしゃくするかもしれませんが、長い目で見れば救える児童生徒が多くなると思います。

②保護者との会話は心にゆとりをもち、児童生徒の話ばかりでなく、たまにはプライベート（趣味など）な話もできるように心がける

保護者には良い人ばかりではなく、中には悪い人もいますので、ある程度人を見分ける目は必要ですが、平均的に保護者の七～八割は話が通じるレベルだと思います。あなたの教師としての顔だけでなく、ちょっとした人間味を見せたほうが親近感はわきますから、会話も弾みやすくなるでしょう。

③世間知らずなこと・不器用なことは教師の特性として負い目を感じず堂々と働く

教師はまさに学校の閉鎖的な空間と人間関係の中に置かれていますから、世間知らずであるのは当たり前です。仮に事務処理能力が高く、合理的に職務をこなす優秀な民間企業の方が教師になったとしても、何年か働くうちに、やはりこの「教師の特性」が現れるようになるのは自明の理なのです。つまりこれらは個人の資質ではなく、教師の仕事上身につく後天的なものですから、皆さんは気にせず、教師として堂々と職務に励めばよいのです。

④教える内容・知識よりも、先生自身の生き様（軌跡）が、児童生徒や後輩への何よりの教えである

知識だけなら先生より物知りな生徒は一部に存在しますから、学校が知識を教えるだけの場なら、必ずしも必要とは言えないでしょう。聞きやすく理解しやすい授業は児童生徒の学習意欲を掻き立てはしますが、子供の人生を変えるきっかけになりうるのは、先生自身の信念や生き様（軌跡）そのものであると思います。

⑤結果を恐れず「失敗してもクビにさえならなければいい」くらいに開き直る

「管理職へのアドバイス」と同じですが、管理職ほど責任は重くありません。それでも巨額な賠償を負わされるような不安があれば、教員損害賠償保険に加入するのも一つの方法でしょう。

⑥日頃から、否定形ではなく肯定形（よくなる、うまくいく）で職務をこなす

今や教師はいつどこからでも攻撃の対象とされる時代です。気にしても気にしなくても攻撃されるわけですから、開き直ってドンと構え、苦情・訴えは必ずあるものと素直に受け止めましょう。そしてどん底であれば、あとは良くなるしかないわけですから、日頃の生活から意識して「やがてはよくなる、うまくいく」ことをイメージし、職務に取り組む方が精神的に健全です。

⑦職場（校務）を離れたら、教師を忘れ普通の人間としてふるまう

仕事が終われば、「教師」「聖職者」というレッテルを外し、欠点や弱点も併せ持った普通の人間として、気楽に家族との時間や、プライベートな時間を過ごせるように心掛けましょう。現実には、夜も保護者から電話がかかってくるとか、家出生徒の捜索をするとか、おちおち休んでいられない先生も多いと思います。それでも年に何回かは意識して趣味の世界に没頭するなり、家族旅行で気分転換するなりして、まったく別の環境で充電することをぜひ心掛けてみてください。

⑧人事は〝ひとごと〟、自分の希望通りにはならないものと割り切る

民間企業は突然の辞令伝達後、僅か一週間で異動となることも珍しくないそうです。それに比べて教育界は、原則希望が表明できるだけ恵まれています。ただ、人事評価は教委や管理職がするものですから、自分の思い通りになることは稀でしょう。変な期待を抱かず、「異動は

神様が自分に与えた運命」だと思っていれば、たとえ意に沿わなくても、割り切りが早くできるのではないでしょうか。

⑨今一度、目の前の児童生徒を育てる基本に立ち返る

今や、学校現場の教師に様々な改革や改善策が求められるようになりました。しかしそれらの要求や指示に対し、すべてきちんと応えようとして時間を取られてしまい、授業やクラス運営などに支障が生じるならば本末転倒です。外からの要求に対しては、時には手を抜いたりお茶を濁したりしても構いませんから、今担当している児童生徒をしっかり教え育てることが教師の本分であることを忘れないでください。

⑩責任を取る覚悟をする時、自分で責任を取れる範囲をしっかり把握しておく

責任感の強い先生は、正々堂々と自分のクラスや部活内で起こった事件・事故の責任を取ろうとしますが、実際どこまで自分で責任を負えるのか、事前にきちんと把握しておく必要があります。そして、担任・顧問レベルでは相手が納得をしないと判断できるようなケースは、直ちに管理職に報告・相談し、その判断を仰ぎましょう。もちろん一番頼りになる管理職に相談してくださいね。

5　新採教師や教師を目指す学生へのメッセージ

さて、ここで教師になってまだ間もない方や、これから教師になろうとする学生さんのために、もう少しメッセージを伝えたいと思います。

①理想と現実の乖離――カルチャーショックを乗り越える

教師になる（なろうとする）若い人は、進学校（優秀校）出身者か、優等生であることが多いようです。でも、あなたが育った環境は、世の中全体やすべての学校から見れば天国のような特殊な世界なのです。「自分を育ててくれた恩師や学校に恩返しをしたい！」という思い自体は真っ当なのですが、教師への理想や憧れが強すぎるため、教師になってから現実とのギャップに苦しんでいる姿も見受けられます。子供は純真無垢というわけではなく、良さと悪さを併せ持った未完成な生き物だということを受け入れ、失敗を繰り返すことで打たれ強さを身に付けながら、焦らず一つひとつ職務に取り組んでいきましょう。

②教師に適したタイプの定番などない

最近の若い教師や学生は全般的に能力が高く、教師の定番といわれる「真面目、仕事熱心、素直、子供好き」な優等生タイプが増えたように思います。それ自体は良いことなのですが、教師が一定の枠に収まった模範的人間ばかりになれば、常識の枠に収まりきらない個性あふれる児童生徒の指導が難しくなります。つまり、教師に適したタイプなど、特に決まっていないほうがよいわけで、子供を育てる熱い思いさえあれば、様々な個性を持った先生がいてもよいのです。

③教師が精一杯努力したからといって、子供をすべては理解できない

人間が人間を教える教育は、マニュアル通りにいくほど単純なものではなく、児童生徒は商品と違い生き物ですから、なかなか期待通りに応えてくれないなど、すぐに教育効果が現れにくいものです。ですから、いくら子供のためにと一生懸命努力しても、それが独りよがりの指導かもしれませんので、時には立ち止まって先輩の意見を聞いたり、周り（児童生徒等）を冷静に眺めたりするゆとりを持ちましょう。

④素直さ、従順さだけでは足りない

人の意見に耳を傾ける謙虚さは大事ですが、先輩の単なる物まねや、型にはまりすぎた指導だと、児童生徒にとっては面白みに欠け、親近感がわいてこないかもしれません。また児童生徒の希望や要求にすべて応えようとすれば、今の子供は個性豊かで十人十色ですから、今度は

クラスの収拾がつかなくなってしまいます。あせらず自分の特質・長所を生かした独自のスタイルを、最初の一〇年くらいの間に確立できると良いでしょう。

6 教師の仕事を明確にする

近年特に教師の職務の範囲があいまいになってきています。児童生徒のためなら、ボランティア的な仕事でもあまり抵抗はないでしょうが、さすがに首をかしげたくなるような仕事も増えています。そこで、職務範囲をできるだけ明確にし、効率よく本来の仕事に集中できるような具体案を幾つか考えてみます。

①休日出勤、平日残業

何といっても、現在の教師最大の問題は、増える一方の勤務時間外労働でしょう。そのうちの大きなウエイトを占める部活指導の在り方は、まさに永遠のテーマといえます。

ア．勤務時間外の電話の応対

時間外勤務が増える背景に、際限がない学校の電話応対があると思います。午後六時くらいまでは学校活動の関係でやむを得ないかと思いますが、それ以降と休祝日については、民間企業に準ずる形で留守番電話サービスに切り替えればよいと思います。緊急連絡の場合は、保護者などから関係する担任や顧問の所に電話やメールが入るはずですし、職員連絡網はどの学校でも作っていますので、当該教師から管理職への連絡もスムーズなはずです。緊急連絡以外なら、留守電メッセージを翌朝あるいは休み明けに聞いても十分対応できます。県教委、あるいは市教委管轄内の学校すべてが足並みをそろえ、一斉に留守番電話サービスに切り替えれば、特定の学校が批判を受けることもないはずです。

イ．部活動の練習指導・試合引率

特に中高校での部活動の意義や定着状況からすれば、簡単には教師の部活指導（時間等）の負担を減らせない現状です。とりあえずは、現行の規定である勤務の振替えや特殊勤務手当を、一層充実させるしか方法がないかもしれません。しかし、長期的には教委や学校が、議会や文科省に粘り強く働きかけ、月ごとの残業時間制限や、教育課程における「部活動」の明確な位置づけと、その職務・責任範囲・保障について法制化し、全国一律に運用できるようにしなければ根本的な解決にはなりません。

いずれにしても、部活動が学校現場に丸投げになっている現状を考えれば、学校における部活動等の在り方そのものについて、国民全体で真剣に議論する必要があります。

②校外で発生した事故・トラブルへの対応

これについては、まさしく多くのマニュアル本が出版されていますので、事例ごとの詳細な対処法はそちらに任せて、拙著では全般的な対応の目安や判断のポイントを示すこととします。

ア．児童生徒の交通事故等への対応

小中高によって対応の範囲を柔軟に考える必要はありますが、学校が定めた通学路で、登下校中に交通事故が発生した場合は、電話応対や現場への駆けつけ等、学校が迅速に対応すべきでしょう。ただ、注意点として、事故現場に立ち会った場合、児童生徒を落ち着かせる等のケアは必要ですが、事故の原因・責任割合の判断や損害賠償については、当事者（相手と当該児童生徒の保護者）や警察に任せましょう。なぜなら教師は直接事故現場を見ていない第三者であることが多いし、実際に賠償等お金を負担するのは事故の当事者だからです。学校（教師）は、保護者や子供へ事故の対処手順などをアドバイスするにとどめ、深入りしないことが大事です。

通学路以外で、学校活動に無関係なことで発生した事故の情報が学校に入ったら、原則的には保護者に連絡を取り、対応してもらえばよいと思います。ただ、学校のすぐ近くで発生したり、救急車で搬送されたりしたような場合には、現場や病院へ駆けつけるなど、臨機応変な対応が必要になります。

いずれにしても学校は事故の仲裁者ではありませんので、やるべきことは事故再発防止のための交通指導・安全教育でしょう。しかし、通学路等での登下校指導については、勤務の振替えの問題だけでなく、教師の人手不足もありますので、今まで以上にＰＴＡや地元自治会に協

力をお願いするほうがよいと思います。特に高校は通学範囲が広いだけに、生徒は様々なルートを利用して登下校しますので、近隣住民との連携を密にしておく必要があります。

イ．児童生徒の問題行動・マナー違反等への対応

近隣住民・市民からの通報は、大枠次の三つの対応に分けて考えると良いでしょう。

A：現場駆けつけ　B：電話応対、その後対処や報告　C：電話応対のみ

◎対応の具体的な目安

•連絡してきた相手がその場で児童生徒を拘束している→A
•匿名だが「今どこどこで喫煙している」という現在進行形の場合→A
•連絡してきた相手自身が氏名と連絡先を教え、指導結果を求める→B
•匿名だが児童生徒を名指しして不法行為（暴力、喫煙等）を訴える→B（狂言等不審な場合はC）
•匿名で児童生徒名を出さずに不法行為を指摘し学校の指導を求める→B（理不尽な要求の場合はC）
•匿名で児童生徒のマナー違反等を訴えるが指導結果は求めない、又は情報の信ぴょう性が欠ける場合→原則C（ただし校内での再発防止対策は必要）

一般的な傾向として、事故・トラブル発生時の児童生徒の横柄な態度（注意を無視する、謝罪せず逃げる、ガンをとばす、暴言を吐く等）が相手の怒りを増幅させてしまうことが多いの

で、児童生徒への事故初期対応指導は重要です。

ウ．苦情窓口の一本化と対応のコツ

現実的な学校の取次ルートは、事務室→教頭又は生徒指導主事になると思いますが、校務多忙なポジションですので、できれば教員ではないクレーム対応専門員を雇って、ここに窓口を一本化するのが理想でしょう。

相手が名を名乗って、具体的な対応の要求や結果報告を求めてきたら、慎重冷静に対応する必要があります。ただしその場合でも、すぐに安請け合いや約束はせずに「検討させてもらう」ことを基本姿勢にします。匿名の場合は、カウンセリング的に相手の怒りを鎮めてあげるとその場で収まりやすく、たとえ学校に対処を要求してきても、結果報告まではしなくて済む場合がほとんどです。いつまでたっても話がまとまらない場合は、直接学校に来てもらうように、落ち着いてこちらから促しましょう。根が深くなければ相手は面倒くさくなり、電話で終息することも結構あります。

相手が訴えるといってきたら慌てないで、無理に妨げようとしないことです。なぜなら、闇雲にすぐ「訴えるぞ！」という人は、脅かすことで自分の要求を通したいからであり、本当に訴えるつもりはないことが往々にしてあるからです。

③アルバイトに関する校則（許可・罰則基準等）の見直し【高校のみ】

特に普通高校の場合、受験勉強などへの影響を懸念し、アルバイトは禁止か期間限定で許可する場合が多いのですが、無断（モグリ）で行う者が後を絶ちません。学校が知らないうちに、生徒が問題の多い事業所に勝手に勤めて、事件や事故に巻き込まれてしまう危険を考えれば、届出制（原則許可）にした方が安心ですから、労基法を遵守する事業所であり仕事内容も問題なければ、アルバイトは保護者の責任で任せてしまったらどうでしょう？　そうすれば、仕事中の事故、健康不安・睡眠不足、成績低下、交友問題などへの対処は、すべて家庭の自己責任で行うことになりますので、高校の負担はかなり減ります。

学校は届出のあった事業所について定期的に巡回するなど、労基法違反（例えば午後一〇時以降の深夜労働）や、労働環境が劣悪でないかをチェックするだけでよいのです。

また、全県（全市）で足並みをそろえ、地域内の高校が一斉に届出制に踏み切れば、特定の高校だけが非難されることもないでしょう。そして、生徒の不法行為がわかれば、校内の生徒指導内規、あるいは教委管轄区内の指導基準に則り懲戒等を行いますから、まったくのフリーではなく、ある程度の歯止めはあるわけです。

④授業料や諸会費未納家庭への催促

授業料や諸会費、給食費などをなかなか支払わない家庭が増えているようです。極度の経済的困窮など同情すべき家庭もあるのですが、給食費や教材費など子供が必ず消費するものについては、支払わなければ窃盗と同類の犯罪です。当然取り立てをしなくてはならないのですが、そうした役目を教師がするのは極めて問題があります。担任の先生に度々電話や家庭訪問でお金の催促をされれば、親も子も担任を避けるようになるでしょう。こんなことで教師と児童生徒との間の信頼関係が崩れれば、教育効果など期待できません。

現場の教師が教育活動に集中できるように、学校設立者にきちんと罰則基準を定めていただき、未納者が明らかな法規違反に至るまでは、各学校が定めた催促の時期や方法についての内規（申合せ事項）に沿って対処します。実際の催促は、担任や学年主任には関わらせないで、管理職と事務部が連携して行うとよいでしょう。

もちろん並行して、保護者に生活保護や授業料等減免、奨学金、高校生の場合はアルバイトなどの申請について働きかけも行います。

しかし、それでも保護者が申請手続きをしようとせず、お金も納付しないままであれば、設立者（地方自治体等）主導で、強制執行や民事裁判等の法的措置に訴えてもらうしかないでしょう。

7　教師の悩みごと相談の例

相談1

クラスや部活運営での問題や悩みを職場で相談しづらいが、どうしたらよいか？

まず、周りに相談しづらい理由として、次のようなことが考えられるでしょうか。

①周りに信頼できる上司や同僚がいないから。
②クラス（部活）運営は正担任（正顧問）が問題解決するのが当然だから。
③他の担任（顧問）へのライバル心があり、周りに弱みを見せたくないから。
④管理職から指導力がないと判断され教員評価制度等で評価を下げられたら、人事（登用）にも影響すると思うから。
⑤勤務校は学年部中心の組織体制であり、何かにつけて学年間で比較されるため、学年主任に余分な負担はかけられないから。

とりあえず打ち明けること

①のような状況の場合、思い切って誰かに悩みや思いを打ち明けてみましょう。

まず、あなたの学年部内に本音で語れるような人はいないでしょうか。一般的な優先順としては、学年主任又は学年副主任↓クラス副担任↓他の正担任又は学年付き職員になるでしょう。学年内で見当たらなければ学校内ではどうですか？　この場合の一般的な優先順位は、他学年の先輩又は同僚↓管理職です。

学校内にもいない場合、校外ではどうでしょう。他校の教師、友人（高校大学の同級生等）、親や親族、カウンセラーなどが考えられます。校外の相談者は直接仕事の助けにはならないかもしれませんが、気分を和らげてくれたり、ちょっとしたヒントをくれたりします。意外とそれがきっかけとなって、解決方法や校内で相談する相手が見つかるかもしれません。

ここまで範囲を広げれば誰か一人はいるのではないでしょうか。世間体やプライドに囚われず、勇気を出して本音をさらけ出してみましょう。

②の場合も同様で、既成概念を打ち破ることが大切です。とにかく、一人で抱えるのは過去の話です。何かあればすぐに学校（教師）批判が起こる今の世の中では、教師集団がギブアンドテイクで協力していかなければ、乗り切れるものではありません。もし助けてもらった時、その先生に負い目を感じるとしたなら、次回はあなたが助けてあげればよいだけのことです。それがずっと先になったとしても、見返りを求めるようなことはほとんどないでしょう。

担任同士の競争は無意味

③の場合ですが、誰のための競争心でしょうか？　視点は目の前の児童生徒をどうするかでなければなりません。そもそもまったく平等なクラス編成などできるはずはなく、特に高校では進路別に編成すれば、優秀な選抜クラスと学力の低いクラスができるのは当然です。また、クラス編成時には潜在化していてわからなかったが、新学期が始まってみたら、あるクラスに問題のある生徒が集まっていたということも、私はこれまで何度も目の当りにしています。

私は若い時、転勤した最初の年度いきなり二年生の担任に任命されましたが、一年間で一〇人近くの生徒が懲戒指導を受けてしまいました。もちろん私の指導力のなさに原因があったことは間違いありませんが、あとで考えてみて、彼らは決して根っからの問題児などではなく、その時の偶然と連鎖反応的な要素もかなりあったと思えるのです。その証拠に私が転勤する時、いち早く送別会を開いてくれたのは、その二年時のクラスの教え子たちでしたし、彼らとは今でも連絡を取り合っています。このような事例から、担任同士が表面的な数字や結果で競争しても、あまり意味がないことがわかると思います。

児童生徒との「偶然の出会い」を素直に受け入れ、自分のスタイルでクラス運営をすればよいのです。誠意を持って取り組んでいれば、その時はうまくいかなくても後に良いことがめぐってくると思いますよ。

評価も出世も〝運〟が大きい

④について、教員自己評価なるものはありますが、確かに人事に関係する評価は上司など他人がするものです。ただ、自分なりに最大限の頑張りを見せても、ほとんど評価されないこともよくあるのです。私自身若い頃、自分が予想していた役割（ポスト）につけなかったため憤りを感じたことがありましたが、今考えると本当に未熟でした。結局評価を気にしたところでどうなるものでもなく、高い評価を得るためには、仕事の実力や実績ばかりでなく、タイミングや運（相性）も必要なのです。

特に教師の仕事は数字で表せない部分が多く、評価者がある程度主観的・感覚的に評価せざるを得ないのが実態です。そもそもクラスがまったく同じ条件で、年度当初にスタートできるのは極めて難しいですし、教育の効果は短期間で表れにくいのですから、評価も出世も運だと思っていたほうが気は楽です。

学年主任の度量を信じる

⑤について、学年主任は学年児童生徒の指導だけでなく、学年部の職員のまとめ役もこなさなければならないので、学校で最も忙しく大変な職務かもしれません。逆にいえばうまくいかないことは日常茶飯事であり、担任の悩みなどは抱えられる度量を持った方が多いはずですから、思い切って打ち明けてみましょう。もし仮にダメ主任だったとしても、先に述べたように、

相談先の範囲を広げてみればよいのです。やらないで後悔するより、実行したうえで納得や諦めをした方がすっきりすると思いますよ。

相談2 学校の経営方針が自分の教育方針と根本的に異なるがどうしたらよいか？

高校を例にすれば、やはり学習指導、進路指導、部活指導が中心となる学校が多いでしょう。進路実績第一主義の学校では、出口指導がすべてで、次のような問題を抱えがちです。

- 国公立大や有名私大への合格者数に一喜一憂し、生徒の適性よりも模試や内申書の成績等で合格可能な大学を受験させようとしている。
- 各教科・科目で模擬試験の偏差値に一喜一憂し、毎年学校間や学年間での偏差値競争に精力を注いでいる。
- 特に高校全日制普通科は勉強させることが第一であり、授業時間の確保、家庭学習時間の増加、平日の課外補習や長期休業中補習の実施などの取り組みが部活動時間の制限など他の活動に優先する。
- 最近特に予備校をはじめとする受験産業に、模擬試験やそのデータだけでなく、家庭学習指導や進路指導、模範授業に至るまで何でも頼るようになっている。

部活動の勝利・実績至上主義の学校では、次のような問題が起きがちでしょう。

- 同窓会（OB・OG）や地元民の過度な期待に応えようと躍起になっている。
- 部員の保護者（父母会等）や同窓会・後援会による、練習方法や選手起用への過度な口出しが常態化している。
- 推薦入試の学校推薦者選考会議では、あまり成績（評定値等）や人物に関係がなく、競技実績のある部活や生徒から優先的に決まっていく。

評価・数値偏重主義の学校では、自己評価、授業評価、教職員評価、勤務評価、外部からの評価等、評価制度と達成目標だらけで手段が目的化しているかのようであり、これら各種評価を行うために、満足度を調べるアンケートが益々増え、教師の事務処理業務が増加している、といった問題を抱えがちです。

他にも、「伝統・慣例継承主義」「保護者（お客様）第一主義」「子供自由放任主義」「管理・しつけ徹底主義」などが考えられるでしょうか。

三つの取り組み方法

校長が勤務校の最高責任者である以上、たとえ自分のほうが正論であったとしても、校長の意に従うほかありません。しかしどうしても納得できない場合、方法は三つあります。

①ダメもとで校長に直接か、副校長・教頭や中間管理職を通して、学校経営計画の再考を具申します。それでも受け入れられなかったら、一旦リセットして頭を切り替え、学校・児童生徒のために、自分としてできることに集中します。

②魂を売らなければ職務を遂行できないようなら、公立学校の場合は、自分の教育方針に近い学校に転勤希望を出します。

③平教員の考えが簡単に受け入れられる可能性は低いので、だめなら立場上自分の考えを一旦封印し、自分が管理職（校長）になってから実践します。

特に②③は長いスパンでの取り組みになりますので、ぶれない信念と計画性が求められるでしょう。

相談3　教師としての能力・適性や指導力に限界を感じるようになったが、どうしたらよいか？

まず、限界を感じるようになった要因をピックアップしてみましょう。

- 最近は生徒の変容もあってか、クラスの問題行動が増え、生徒指導もうまくいかないことが多く行き詰っている。
- 授業における生徒の反応が悪く、定期試験等の結果も思わしくないことから、自分の学習指導法や授業スタイルに自信がなくなった。
- 受検や進路の情報が多様化し、進路指導が難しくなったが、実際に自分のクラスの受検結果も思わしくないため、非常に責任を感じている。
- モンスターペアレントに遭遇し、しょっちゅう多岐にわたる理不尽な要求に振り回され、疲労困ぱいである。
- 年配でパソコン操作が苦手であり、事務処理能力が低いので、学校で足手まといになっていないか大変気にしている。
- 中学高校では、部活動が教育の大きな柱であるが、運動が苦手で経験もなく、指導にまったく自信がない。管理職に頼まれて仕方なく引き受けたが、伝統がある部なので、保護者やOBから結果を求められて大変つらい。
- 今は何かあればすぐに訴えられる時代だが、気が小さく決断力がないため、いざ目の前で大きなトラブルや事故が起こったらどうしていいかわからない。

教師の特質を自覚する

教師としての自信を取り戻すために、まずは、教師という職業にありがちな特質を、よく自覚しておきましょう。

- 真面目で誠実ではあるが、融通が利かず不器用な人間が多い。遊び方や息抜きが下手でストレスを内にためやすい。
- 概ね学生時代は成績が良く、人間関係に恵まれていたこともあり、教師になるまで挫折感を味わったことが少なく、困難や障害を乗り越える力が乏しい。
- 仕事の性格や家族構成から、どうしても教師同士の会話や付合いが多くなることは避けられず、生活圏も限られるため視野が狭くなりがちである。
- 教師の仕事は、基本的に人間相手の肉体労働的な活動であり、かつてパソコンのない時代には事務処理能力はあまり必要とされず、年配者ほどデスクワークが苦手である。

これらの特徴は、私も含めて多くの先生方に、大なり小なりあてはまることではないでしょうか。ですから「自分は全部当てはまる」といっても落ち込むことはまったくありません。要はこれらの特質をきちんと自覚しておくことが大事なのです。そうすれば、普段の生活からマイナス面も意識しながら、バランスの取れた行動がとれるようになるはずです。

時代の変化を認識した上で、現実的な対応をする

先生に元気がなくなった理由を思い出してみてください。教師の能力や指導力に問題があるというより、矢継ぎ早に打ち出される教育改革、教師への要求や批判の高まりなど、学校を取り巻く外的な要因が極めて大きくなっているのです。そのため、特に年配の先生方ほど今までのやり方が通用しなくなってきており、機能不全を起こしやすいのです。

確かに児童生徒の特質など現状認識は必要ですが、教育は「不易」な部分も大きいですから、時代の変化に合わせ、やたらと子供や保護者に迎合することはありません。また、先生方には一人ひとり皆違った個性や教え方があるわけですから、得手不得手、守備範囲もそれぞれ違ってきます。あなた自身の守備範囲を認識した上で、どうしても適応できない（する必要のない）ことは、時には割り切って手を引いたり、他に任せたりしてみてください。あなたができないことでも、おそらく他の誰か（先生）の守備範囲に入りますから、心配しなくても大丈夫です。弱点を気にするのではなく、あなたの得意分野を、現実的にできる範囲でどう生かしていくかを意識するとよいと思います。

堂々と誇りを持って働く

教員の不祥事などがマスコミで大々的に伝えられたりすると、真面目に勤務している先生も委縮してしまい、教師という職業に自信が持てなくなってしまうこともあるでしょう。そんな

時は次のように考えてみてはいかがでしょうか。

例えば万引き件数が前年一万件だったものが、今年三万件になったとすれば、僅か一年で三倍に増加したわけですから、これは明らかに異常事態です。速やかな原因の究明と、法的な面を含めた何らかの対策が必要でしょう。しかし同じ三倍でも、ある県の教師の不法行為者が前年度三人から今年度九人になった場合、先ほどの万引きの件と同等に考えるのは早計です。

まずこの場合、絶対数は六人増えただけです。そしてこの一年の変化だけでなく、長期的な変化に着目する必要があるでしょう。これまで、一年で六人以上増えた、三倍以上になったという事例はあったのか、これまで不法行為者の年平均人数はどのくらいかだったのか。もし、過去事例があり、平均が九人程度だったなら、教師の不法行為者三倍増は想定内ということになります。

また、対象人数における発生率が極めて低いことも考える必要があるでしょう。

例えば、文科省統計によれば、平成二四年度の全国の小中高特支校におけるいじめの認知件数は約二〇万件であり、一校当たり約五・一件発生し、いじめを認知した学校の割合は五七・三%でした。これは相当高い発生頻度といえます。次に交通事故ですが、都道府県別で年間五千～五万件ほど発生しており、人口数割合でみると、事故発生率は〇・五～一%です。

そして教員の不法行為（犯罪）発生件数は、平成二三年度五二六件であり、これを幼稚園～大学まで含めた全国教員総数一三四万三七二九人で割れば、発生率は〇・〇三九%となります。

この極めて低い発生率から、ほとんどの教師が犯罪と無関係であることがわかります。

さて、ここで今の世の中の動きを思い起こしてください。いじめの場合は非常に高い発生率ですから、少なくとも学校単位で何らかの対応が必要なことはわかりますが、逆に全体で根絶できるようなレベルでもないですよね。

交通事故については、悪質な飲酒運転による死亡事故が起こると法改正・厳罰化がすすんだりしますが、あくまで加害者本人（未成年の場合は保護者も）が責任を負うわけです。

それでは不法行為についてはどうかと言えば、例えば同じ職業の人間が、数件連続で個人的な不法行為を犯した場合、各企業は社則に従い、何らかの対策や罰則を施すことはあるかもしれません。しかし、当該職業（業界）全体が記者会見で謝罪したり、連帯責任を負わされたり、同じ職業人全員が何らかの制約を受けたりすることは、あまり聞いたことがありません。ところが教師の不法行為は、万引きレベルの事件であっても、教育委員会の幹部が複数同席した謝罪記者会見がテレビ放映されることがよくあります。そして、大事件発生ともなれば、マスコミや市民によるバッシングを受け、議会が文科省を通して全国の学校に改善策や調査・報告を要求し、新たな規則や通達などで、教師の管理を強化していきます。

もちろん犯罪者自身が法に則り、きちんと裁きを受けるのは当然のことであり、場合によって法の厳罰化が進むこともやむを得ないことです。しかし何かにつけてその職業全体の責任のように扱われるのは、先ほどの矛盾する犯罪発生率からもわかるように、都合よく「聖職」扱いされてしまう教師に突出した現象ではないでしょうか。

半分愚痴になってしまいましたが、要は教師の不法行為・不祥事が起きたからといって、教師全体が卑屈になる必要はなく、堂々としていてよいのです。もし誰かから批判を受けたなら、前述のように客観的な数値・根拠を示しながら冷静に反論しましょう。あなたの的を射た説得力のある話に、相手はトーンダウンすることと思います。

相談4 年々仕事量が増え、長時間残業や家への持ち帰りなど、日々時間が足りないがどうしたらよいか?

仕事が増え時間が足りなくなってきた理由として、次のようなことがあげられると思います。
①実質的に業務の種類や量が増えている。
②苦情処理や相談など、本務以外の雑務が増えている。
③児童生徒のためにやるべきことが多い。
④性格上、上司や同僚に頼まれる仕事を断れない。
まず、仕事の増え方が能動的か、受動的か、自身で分析してみてください。教育はどこまでやっても終わりがないような仕事です。③の場合など、往々にして自分からわざわざ仕事を

作っていることはありませんか？　現に私もＨＲ担任をしていた時、懇親会の後自宅で夜遅くまで学級通信を作成していたことを覚えていますが、これは別に校務でも命令されたわけでもなく、生徒のために良かれと思って自ら始めた仕事でした。また①の校務の場合でも、進路指導や生徒指導などで進んでアイデアを出し、自主的に取り組んでいるような仕事はありませんか？　教師は、特に生徒と直接関わることの多い立場であれば、独自の判断で選択する仕事の割合が高い職業なのですが、それが魅力ややりがいでもあります。しかし、余りにも絶対量が多い場合は、仕事の優先順位をつけて整理する必要があると思います。

②や④の場合は受動的なことが多く、こちらの方がやりがいを感じにくく、疲労感も一層増すのではないかと思います。なかなか自らの意思で仕事を減らすことは難しく、結局は上司に相談や具申をして業務の適正な分担をお願いするしかありませんが、それが簡単にできないから今の状況があるわけです。

そこで私は、あなた自身が取り組めそうなことに絞ってアドバイスしたいと思います。どうやっても一日二四時間が増えることはありませんから、考え方として仕事そのものを精査するか、仕事以外の予定を組み込むことで仕事を減らすかのどちらかでしょう。

まず前者について、ひじょうに忙しい時は、明日までに絶対終了しなければならない仕事だけ行うと決め、残りは翌日以降に回すのです。翌日も同じように次の日までに終了すべき仕事だけ行います。しばらく自転車操業が続くかもしれませんが、必ず少し余裕のある時期が訪れます。その時は③の児童生徒のために思い切り時間をかけてください。

後者の仕事以外の予定とは、独身の方はデート、配偶者・家族のいる方は週末の外食やレジャー、趣味のある方はサークルやイベントへの参加などであり、できれば一週間単位で無理矢理これらの予定を入れてしまうのです。すると平日の夜なら忙しくても仕事を切り上げ、目的の場所に向かいますし、近い先（週末等）に楽しみがあれば、仮に仕事量があまり減らなくても仕事のはかどり方や疲労感は違うでしょう。

このように、仕事そのものに優先順位をつけて割り切るか、仕事以外の予定を先に入れて仕事の負担を減らすか、まずは取り組んでみてはどうでしょうか。

8 教師の役割・生き方

教育とは、子供を立派な大人（社会人）に成長させること

最近はいじめ、体罰、不登校等、様々な教育問題が指摘されていますが、教育で最も大切なことは、様々な障害を乗り越えられる強い心、自立心、公共心を育てていくことだと思います。それは言い方を変えれば、いじめやパワハラ等に打ち勝ち、たくましく生き抜く強い不屈の精神を養うことでもあるのです。

もちろん悪質ないじめをする者、自殺に追い込む者の行為は断じて許されるものではありませんが、多くの子供達が障害を乗り越える力を強くしていけば、どんなひどい仕打ちを受けても、自殺を選択してしまう可能性は相当低くなるはずです。こうした教育が、大人になってもパワハラやブラック企業に負けない屈強な精神を作るのです。

ところで「自立した人間＝成熟した大人」とはどのような人なのでしょうか？　私は「物心両面で人に頼らず迷惑もかけず、思いやりとバイタリティにあふれ、将来の目標をしっかり持ち、自らの責任において考え行動することができる人」と考えています。

現代は様々な個性ある児童生徒が増えていますから、自立した人間に成長させるためには、教師も型にはまった優等生タイプばかりでなく、むしろ十人十色であったほうがよいと思います。もし教師に最も必要な資質をあげるとするなら、子供を立派な大人（社会人）に成長させたい熱い思いとやる気ではないでしょうか。

人間としての生き方

どうしても私達教師は、子供にどのような知識をどういう方法で身に付けさせるかに没頭しがちです。それは教育の王道ではありますが、皆さん、ぜひ子供時代を思い出してみてください。小学校、中学校、高校と多くの先生方に教えてもらったと思うのですが、記憶に残っていることは何ですか？　確かに知識や解き方・考え方を教えてもらって学力や教養が身についたはずですが、いつどのような場面で、どの先生に教えてもらったのか覚えていますか？

私はあまり真面目に勉強していなかったからかもしれませんが、ほとんど覚えていません。それよりも先生の息抜きの雑談や、話す口調・人間性をよく覚えていますが、皆さんはどうですか？　おそらく私達は子供の時、人生経験の長い先生の生き方を無意識のうちに記憶し、自分の生きる糧としてきたのではないでしょうか。つまり、「先生自身の生き様（軌跡）が、児童生徒への何よりの教えである」と私は思うのです。

ある程度の年齢になるまでなかなか自分のスタイルが確立できないのは、経験不足もあり当たり前のことです。そこで特に若い先生方は、日常生活において周りから何かを吸収しようと、前向きでアクティブな考え方・生き方を心がけてみてください。そうすることによって歳とともに少しずつ、確固たる信念やぶれない生き方が身についていくと思いますよ。ちなみに、私は情けない話ですが、四〇代後半でやっと自分の生き方が確立できました。

第3章　こんなときどうする――生徒・保護者編

第3章は「児童生徒に対する指導」についてですが、保護者も、ある意味児童生徒と表裏一体といえますので併せて取り上げることにします。

児童生徒への詳細な指導法や教授法については、皆さんはすでに様々な書物や資料で目にしていることと思います。従って私は、自身の実践経験から学んだ生徒指導上心掛けたいポイントや、めったに採り上げられることのない、生徒との危険ゾーンに焦点を絞って説明したいと思います。

1　生徒指導の様々な場面

校内での生徒指導上心掛けたいこと

最近は、学校生活でわがままな言動やマナー違反をする児童生徒に対して、指導する教師のほうが、迷ったり気を使ったりすることが増えています。皆さんは次のような意識でいるのではないでしょうか。

①注意や指導をする時、体罰をしないように児童生徒と一定の距離をとる。
②威圧的感情的にならないよう、努めて冷静さを保ち指導する。
③特に叱られ慣れていない児童生徒に対して、逃げ道なく追い込まないように気を付けて指導する。

④心の問題を抱えた児童生徒に対しては、言葉の掛け方、指導の入り方に細心の注意を払う。
⑤特に外国籍の児童生徒などは、文化の違いを考慮した指導方法も組み入れる。

手順を踏んでぶれない指導を

これら①～⑤を踏まえながらも、ダメなものはダメですから、時には厳しい指導をする必要も生じますが、児童生徒が不満をもたないようなやり方・手順が必要になります。

まず、年度当初の集会や授業で、児童生徒・保護者に対して、学校やクラス・授業のルールをきちんと説明しておきます。パワーポイントやパネル、プリントを使えばなおさら効果的です。これを踏まえて、学校や教師の指導方針を貫き、ルール違反を見逃すことなく公平なぶれない指導を心がけましょう。また、同じく年度当初に児童生徒の家庭環境や健康面での情報をインプットし、言ってはならない言葉や場面を頭の中に焼き付けた上で指導に当たりましょう。

注意や指導をする時に選択肢を与え、生徒自身に選ばせる手法も効果的です。たとえば生徒が授業中に内職（他教科の宿題をやる等）した場合、寝ることよりずっと教師を侮辱した行為と受け取れますので、私は「授業を受ける気があるならルールを守る」「受ける気がないなら退室する」のどちらかを選ばせました。生徒に選択権はありますので、仮に退室したとしても学習権を奪ったことにはなりません。また、年度当初一度行使することで、和田の授業スタイルを目の当たりにするため、その後授業で内職する生徒はほとんどいませんでした。

児童生徒が指導に従わない時は、学年や生徒課に協力を仰ぐこともいとわず、年度当初説明したルールと違反時のペナルティについて児童生徒にしっかり思い出させ、できる限り納得させた上で再度指導や懲戒を行うようにします。この場合は、その日のうちに指導の経緯を保護者に伝えるのが良いでしょう。

それでも指導がうまくいかないことはよくあります。そんな時もあきらめないで、一貫したぶれない指導を続けてみてください。子供は教師の本気度をよく見ていますので、問題のある児童生徒も、あなたを好きにはならないまでも、やがては認めてくれるようになるでしょう。

様々なハンディを持つ児童生徒への気遣い

ハンディを持つ児童生徒への指導は、近年、先生方が最も気を遣わなければならないことでしょう。すでに全国で様々な対策・配慮が取られつつありますが、私なりに整理してみました。

①障害等のある児童生徒

身体障害、発達障害や境界型の症状（人格障害、パニック障害、ストレス過多、被害妄想等）のある児童生徒には、次のポイントを心掛けて指導にあたりましょう。

- 本人に気を遣いすぎたり、必要以上に特別扱いしたりしない。
- 親切に世話してくれる児童生徒に負担をかけすぎない。
- 他の子供達が安全・安心な学校生活を送れなければ当該校での共生は諦める。

・医療機関とこまめに情報交換や連携をしていく。

②外国籍児童生徒

文化・生活習慣の違い、保護者との意思疎通方法（日本語通訳等）をしっかり確認し、他生徒と公平に指導することと、配慮することを明確にする。

③家庭環境で配慮が必要な児童生徒

・経済的困窮（生活保護）家庭である。
・母子又は父子家庭、あるいは再婚家庭である。
・家族（身内）の中に障害者、自殺者や、最近事故死者・病死者がいる。

④不登校傾向のある児童生徒

生徒も保護者も神経過敏なため、何気ない一言が状況を悪化させることがあるので、特に単位・留年に関わる話には注意を要する。

⑤持病があるか病気や怪我をしやすい

年度当初の情報収集と部活動や授業での配慮を検討する。

とにかくどのようなケースでも言えるのは、担任や部顧問になったら、自分が担当する児童生徒について、年度の始まる前にきちんと情報収集をしておくことです。保健室のデータ（健康診断表、持病、治療・相談記録等）、生徒個票（家族構成・住所・保護者勤務先等の情報）、前年度担任や部顧問からの申し送り、教育相談記録、事務室データ（諸会費の未納者リスト等）はもちろんですが、一年生の場合は情報が少ないので、何か気になることがあったら出身の小学校や中学校に遠慮なく問い合わせをし、直接訪問して情報を得ることも必要でしょう。

しかしながら、相手は人間ですから、どれだけ詳細な情報を収集し細心の注意を払っていても知りえないことはありますし、タイミング（運）が悪かったために児童生徒に嫌な思いをさせてしまうなど、何らかのトラブルは必ず起こります。一番大事なことは、トラブル・事故が起こってしまった時、いかに迅速かつ誠実に当該児童生徒をケアできるかどうかであることを、ぜひ忘れないでください。

校外での生徒のルール・マナー違反

最近どこの学校（特に高校）でもよくある苦情が、交通違反をした時の生徒の不遜な態度と、バス・電車内や図書館・レストラン等の公共的空間での迷惑行為（大声、携帯操作、通路を塞ぐ等）に対するものです。

特に高校生の場合は半分大人ですから、部外者とのトラブルに学校がすべて対応して生徒を擁護する必要はありません。日頃から集会やHRなどで、自分たちの行動によって、学校が電話又は直接乗り込まれる方法で訴えられてしまうことをよく自覚させた上で、「もし外部から苦情電話が入ったら、学校は『マナーや態度があまりにひどければ直接注意してくれて結構ですし、それに対し不遜な態度を取るようなら遠慮なく警察に通報してください』と相手に伝える」と全校生徒に周知徹底します。このようにして自分の言動に責任を取らせるようにすると良いと思います。

また、男女間の問題については、もしも明らかな校則違反や法規違反があれば、各学校の懲戒基準に則り指導すればよいのですが、この問題はプライバシーにも深く関わるため、基本的には家庭の問題ということができます。男女の家庭（保護者）同士で話し合いをしてもらい、懲戒指導以外は学校が仲介役に徹し、当事者間で解決させるのが賢明でしょう。

きっかけを与えた生徒指導

振り返ると、自身の教師人生の中でほんのちょっとした一言や指導が、生徒の変化をもたらしたことが何度かありました。

①進学校での個人面談

三年生の担任をしていた時です。二学期の中頃、クラスの優秀な男子生徒から突然面談をしてほしいと申し出がありました。この生徒は自分の勉強スタイルを確立しており、これまで担任を頼ることもなく、模試等でも順調に好成績を残していました。早速放課後彼と話をすると、今回の模試の成績を私に見せながら、「英語の偏差値が少し下がってきているけど、どうしたらよいでしょうか？」と打ち明けたのです。

まったく手のかからない優秀な生徒が自ら面談を希望してきたわけですから、私は何かアドバイスしてやりたいと思い、最初は学習方法の再チェックや、偏差値の細かな分析をしようかと考えました。ところがその時ふとひらめいたのです。彼は自分の勉強方法をきちんと確立していましたし、しかも話題にしたことが英語の偏差値ですから、地歴公民科の私にテクニック的なアドバイスを期待しているわけではなく、単に不安なのではないかと思ったのです。そこで私は「なんだ、大して下がっていないよ。ほら前回の成績と比べてごらん。誰にでもある変動の範囲内だから気にするなよ。第一志望目指して今まで通りやればいいんだ、頑張れ！」というような言い方で、面談は一〇分くらいで終わったと思います。

彼がそれをどう感じたか知る由もありませんが、その後私に不安な表情を見せることもなく、黙々と勉強に励み、第一志望校に現役合格しました。もちろん私の力などないに等しいでしょうが、日頃から生徒の特徴をよくつかんでいれば、勘が働くこともあるということでしょうか。

②単位制高校での女子編入生への対応

現代社会の後期最初の授業で、初めて受講する生徒が数名いました。真ん中の一番後ろの席に座った女子生徒が、授業の途中ガムを噛んでいることに気づきました。実はこの勤務校は不登校傾向や様々な障害をもった生徒が多く、彼女も前籍校を何らかの理由で辞めて後期から編入してきたのでした。

私はそれまでも授業態度の悪い生徒には遠慮せず公平に指導しましたし、最初の授業で彼女の境遇や健康状態など頭に入っていませんでしたから、「なんだガムを噛んでいて、今すぐ出せ！」とすぐ大きな声で注意しました。彼女はびっくりしながらも指示に従い、そのまま授業を受けましたが、心配した通りその後私の授業を二回続けて休みました。不登校傾向もあったようなので、このまま来なくなってしまうかと心配し始めた時、やっと授業に出席しました。

数回ほど私の授業を受けた後だったと思いますが、彼女が職員室の私のところに来て、進路相談に乗ってほしいというのです。私が「いいけど、担任がいるじゃあないか」と言ったら、彼女は「頼りになりません」とハッキリ言うのです。その後、時々担任を差し置かない程度に相談に乗りました。

どうやら、私の指導や授業は彼女にとって新鮮だったようなのです。これは、必要以上に生徒の事情を慮ることが必ずしも良いとは限らない例でしょう。

③定時制高校における問題児

卒業率五十数％という昼間定時制の高校で、授業を担当したクラスの男子生徒が成績不振で次年度仮進級となりました。しかし彼は真剣に努力しないばかりか、進級最後のチャンスを与えられて頑張る決意をした僅か一週間後、すでに無断で免許取得していたバイクで通学するという問題行動を起こしました。

彼のほうから頼まれるかたちで私は面談を行いました。彼はワルではありませんが、この時は正直学校を続けるのは難しいと思いました。持っている資質といってしまえばそれまでですが、いくら指導・注意を受けても、その場で多少反省はするもののすぐに忘れてしまい、結局約束が守れなかったり、小さな障害すらクリアできなかったりするパターンをずっと繰り返していたからです。私はここで温情をかけて高校に在籍させておくことが、長い目で見て彼のためになるとは思えなかったので、今置かれている厳しい状況をしっかり直視させ、これからの学校生活で訪れる数々の障害を考えれば、並大抵の頑張りでは卒業できないことを歯に衣着せないで説明しました。そして最後に、学校を続けるのか辞めるのか、数日間じっくり考えて結論を持ってくるように指示して帰しました。

ところが、どうも私のシビアな話を聞いて、「今度また逃げたら自分は一生ダメ人間になってしまう！」と危機感が沸き上がったようで、結局彼は「最後のチャンスをもらえるなら、もう一度だけ死に物狂いで頑張りたい」と学校に残る決意を固めたのです。その後、少しは真剣みが増したのか、どうにかこうにか卒業までたどり着くことができました。

2　生徒との危険ゾーン

巷のマニュアル本や指導書ではあまり取り上げていませんが、実際日常生活でよく起こりそうな判断の難しいケースについて着目してみました。

部活指導などにおける生徒の送迎

今から二十数年前、私は生徒会顧問を担当していたのですが、当時女子の生徒会執行部メンバーの多くが遠距離通学者でした。文化祭や体育大会などの学校行事が迫ると、生徒会執行部の生徒達は意欲的に一生懸命仕事をしてくれるので、ついつい下校時間も遅くなってしまいます。午後九時を回ることも何度かあり、そんな時はバス・電車通学の女子生徒だけは、保護者了承の上、私の車で自宅へ送り届けたものです。

数名一緒に乗せて各家を回ったのですが、今の基準だったら女子生徒を車に乗せた時点で、お叱りを受けるのかもしれませんね。当時はインターネットや携帯電話がなかったため、外部からの通報は大してありませんでしたし、保護者も子供が遅くなるからといって、すぐに学校へ迎えに来るようなこともありませんでした。私の行為は当時としてはごく常識的なものだったと思います。ところが、今や送る途中の事故や、よからぬ行為でも心配するのか、教師の車で生徒を送迎することがかなり難しい時代になってしまいました。

しかし、現実問題として学校では、事故・急病の時や、保護者が迎えに来られない時など、臨機応変に対応しなければならない場面が多々あります。そこで他に選択肢がなければ、教師が車で送ることを許可するしかありませんが、次の二点だけは守る必要があると思います。

- 特に異性の場合、後部座席へできるだけ複数で乗車させる。
- 必ず生徒自身から保護者へ電話を掛けさせて、送迎の承諾を得る。

もし校長から「教師の車による生徒送迎禁止」が明確に指示されていなければ、事前に承諾を得るかどうかは、管理職（副校長・教頭）のタイプを見て決めましょう。なぜなら、器の小さい管理職に話すと、止められるか「私は責任を負えない」などと言われ、実際の対応に支障をきたすかもしれないからです。

メールによる生徒への連絡

最近、特に生徒との個人的なメールのやり取りから男女関係の問題が生じたケースがあるためか、教師と生徒のメールのやり取りを禁止する学校や教育委員会が増えています。しかし、現実には生徒とのメールのやり取りができないと困る場面もあります。特に定時制の生徒は自宅にいないことが多く、保護者との連絡も取りにくいため、大事な要件はこちらからメールで一方的に伝えるしかありません。そこで、次の条件を満たすのであれば、生徒のメールアドレスを登録し、連絡方法の一手段とする方が良いのではないでしょうか。

- 学校で職員貸出し用の携帯電話を複数台用意し、担任や部顧問はそれを使って生徒に必要なメール連絡をする。
- 使用範囲としては、学校行事（修学旅行など）の連絡や、書類提出などの事務連絡、出欠確認などに限る。
- 業務用携帯電話がすぐに用意できない場合は、進路相談や教育相談の類のメール交換禁止を校務内規に明記した上で、教師の個人携帯電話を申請・登録してもらって使用する。

セクハラの注意点

どの職場でもセクハラは起こりうるものですが、児童生徒と過ごす時間が多く距離も近い教師という職業は、セクハラの危険と隣り合わせだといってもいいでしょう。そこで実際に問題となるのが、「どこまでがセクハラで、どこからがセクハラではないのか?」という境界です。セクハラの定義は調べればすぐ見つかりますので、該当すると思われる具体的な行為はわかりますが、実際にセクハラで訴えられるかどうかは、相手がその言動により被害を受けたと感じるかどうかで決まるのです。

例えば「頑張ってね!」といって軽く肩を触っただけでも、相手が不快を感じればセクハラで訴えられますが、逆に肩を抱いたり腰に手を回したりしても、相手が好印象を抱いていれば訴えられません。つまり一番のポイントは「普段相手にどう思われているか」ということです。もちろんセクハラに該当しそうな言動は一切しないのが賢明ですが、そこはお互い人間同士、セクハラを気にして相手と距離を置きすぎていれば、逆に信頼関係を築けないことも多々あるのです。

中には生徒のため一生懸命になるあまり、勘違いしてしまう教師(主に男性)が稀にいることは事実です。例えば、授業でいつも愛想のいい女子生徒がいて、彼女の方からにこやかに受験の個別指導をお願いに来たりすると、恋愛感情ではないとわかっていながらも、「この子は私を好いているな」と一方的に思い込んでしまうわけです。

しかし、彼女は誰にも愛想の良い八方美人の子で、受験科目の教科担任だからお願いに来たに過ぎないのです。勘違いした教師は机を突き合わせ、女子生徒と近い距離で熱心に指導するうちますます親近感を覚え、スキンシップのつもりで思わず肩を触ったり手を取ったりしてしまいます。そうなると女子生徒の方は、受験指導として受け入れられない行為にショックを受けますから、家でそのことを打ち明け、怒った保護者がセクハラで訴えることになるのです。

先ほどポイントは「普段相手にどう思われているか」だと言いましたが、それは自分だけで判断するものではなく、周りの信頼できる複数の同僚の見方や意見を聞いたうえで判断したほうがよいのです。実際、生徒にはめられる危険もないわけではありませんので、教師はなおさら注意が必要です。

私が勤務したある定時制の高校では、毎日職員室へ来るたびに、自分の好きな先生に後ろから抱きつく女子生徒がいました。私自身の体験は、成績不振の可愛い女子生徒に期限の過ぎた提出課題の催促をした時でした。彼女は「先生、ごめん許してぇー」と甘ったるい声を出し、私の手首をギュッと握ったのです。おそらく彼女にとってその媚びる行為は無意識だったのでしょうが、人生経験の浅い独身男性教師ならクラッときたかもしれません。

そこで月並みですが、先生方が人生を棒に振らないためのチェックポイントを確認しておきましょう。

• 特に男性教師は女子生徒の身体を、原則体育の授業や部活の実技指導以外で触らないように気をつけましょう。人の身体を触る癖のある人は、日頃から意識して一定距離を保って指導するとともに、児童生徒に無意識に触ったりしていないか、仲の良い同僚に時々チェックしてもらうとよいでしょう。

• 児童生徒と一対一にならざるを得ない時は、誤解を受けない時間帯や場所で指導するように気をつけましょう。

• 自分が直接指導する児童生徒から普段どう思われているか、性差別的な発言や人権侵害するような言葉を使っていないか、できるだけ客観的に自己観察するとともに、周りの人の指摘も謙虚に聞くようにしましょう。

生徒から惚れられた場合の対応は？

特に若い独身の先生の場合、生徒から恋愛感情を抱かれる可能性がありますので、ちょっとアドバイスしたいと思います。まず、自分が惚れられていると気づいた時の注意点は、

• 携帯電話番号・メールアドレスを教えない。
• 安易にプレゼント等を受け取らない。
• 必要以上に意識しすぎて、他の生徒より冷遇したり避けたりしない。

など、ある意味当たり前のことですね。問題は自分も相手（生徒）を好きな場合です。昔なら、相手が在学中でもお互い意思確認ができ、高校を卒業したところで保護者了承の上婚約し、その後交際して結婚とトントン拍子にいきましたが、今はネット上で情報がすぐ拡散しますから、「怪しい関係」がうわさされただけでいろいろな障害にぶつかります。

個人的には、教師が独身で相思相愛の関係にあり、保護者公認であるならば多少の付き合いは構わないと思うのですが、少なくとも学校内の教師や他生徒に、二人が付合っていることを卒業までは絶対に知られないことです。なぜなら、恋愛関係が校内で噂になれば、二人とも授業をはじめ正常な学校生活が送りにくくなりますし、さらに、二人の関係を嫉妬する生徒がネット上に情報を拡散しようものなら、内外からの恰好の攻撃対象となります。そうなれば交際ができないどころか、生徒が学校にいられなくなる可能性すらあるからです。

ただ現実問題として、保護者が未成年の子供と教師の交際を正式に認める可能性はかなり低いといえるでしょう。親が認めてくれそうもないからといって、二人だけで結婚の密約をした場合、リスクは一層増すことになります。一〇代の女（男）心は変化しやすいので、在学中に二人の関係がこじれる可能性は十分にあります。その時、教師がよりを戻そうと何度も彼女（彼）にアプローチしていたら、ある日突然生徒が豹変し、教育委員会などにセクハラ・わいせつ行為で訴えることも考えられます。当然保護者も可愛い子供のために一緒に戦いますから、原因がどうであれ教師は圧倒的に不利です。

つまり二人だけの約束による在学中の交際は、ロシアンルーレットのような危険と隣り合わせなのです。どうしても相手とすごす時間を優先したければ、開き直って運を天に任せ、免職覚悟で付合うしかありませんよ。

さて、結婚や交際まではいかなくとも、生徒から惚れられること自体はどうなのでしょうか。人間が感情のある生き物である以上それは自然な行為であり、「惚れるな！」といって抑えられるものではありません。むしろ私は「若い時に一度も惚れられた経験のない教師ではだめだ！」と常日頃から言っています。教師として大好きなのか、異性として好きなのか、いろいろな生徒がいると思いますが、総じて先生の生き方や人格が与える影響は大きいので、惚れられるということは外見だけでなく、人間性が受け容れられることでもあります。逆に、一度も惚れられたことのない先生は人間的な魅力が乏しく、性格等に何か偏りがあるかもしれないので、先ほどの言葉となったのです。

教師はイケメンというだけで好かれるわけではありません。冷静に自己分析し、自分なりの良さを伸ばしていけば、その魅力が指導力にもつながっていくはずです。

3　様々な保護者への対応

「モンスターペアレント」が世間をにぎわすようになって、より具体的な事例を取り上げた対策本やマニュアル本が、かなり書店にも出回るようになりました。ただ、相手は交渉術にたけた人間かもしれず、マニュアル通りにうまくいくとは限りません。それでも冷静に考えてみますと、おそらく八割がたの保護者はモンスターではなく、理解を得られる可能性はありますので、ここでは保護者との信頼関係を作るための、ちょっとしたきっかけ作りをアドバイスしたいと思います。

保護者が学校（教師）と対立する主なケース

・子供自身か周りの人から子供がいじめられていると聞いた時、学校や相手側を非難する。
・子供が不登校になった時、原因が学校や他児童生徒にあると疑う。
・成績表などの記載不備で子供が不利益を受けた時、学校にクレームをつける。
・子供が問題行動を起こした（と思われる）時、学校側が説明する行為の有無や内容（程度）に納得しない。
・子供の問題行動の事実は認めるが、学校側の指導・処分内容に不満がある。
・学校で大きな事件・事故が発生した時、自分の子供は直接関わっていないが、マスコミや世間の情報に影響され学校側を批判する。
・学校にはっきりと非がある時（体罰等）、最初の説明に誠意がなかったり、初期対応が遅かったりしたことで不信感を持つ。

このような事態が発生した場合、特に注意が必要なのは電話で保護者と話す時です。保護者から苦情の電話があった時は、受動的に相手の話を聞くスタイルで、すぐに反論しないようにしましょう。また、学校の指導方針に関わるような問題は、独断で結論を出さないでください。電話では簡潔に内容を聞くことにとどめ、学校又は家庭で直接会う約束をし、面と向かって話したほうが誤解は少ないでしょう。

また、担任が子供の問題行動を保護者に伝える場合は、言葉を選んで正確かつ簡潔に事実関係を説明し、事務連絡（呼び出す場合の日時等）をする程度に留めましょう。指導内容について質問があっても、懲戒の場合の判断は管理職が決めることをやんわり伝えましょう。

何か事務連絡（欠席の確認、配布物の連絡、回収物の催促等）をした時には、子供の学校での様子（いじめにつながるような気になる言動、すでに指導をした事実、頑張ったこと・褒めたこと）を、できるだけ一緒に伝えるようにします。特に良いことがあれば時々でも伝えられるとよいでしょう。

保護者とのやりとりでの心配事

ところで、先生方は保護者とのやりとりで一体どんな点が心配なのか、ちょっと声を拾い上げてみます。

・教育熱心な保護者が多く、面談や電話での会話には大変気を使います。特に面談時には、次のようなタイプの保護者がよく見受けられます。

「子供の言いなりで、親の意見を持たずいつも同意するだけである」

「親が思い描く進路につかせようと、子供をコントロールする」

「常に自分の子供の利益ばかり考え、何かと個別対応を求める」

「優秀で高学歴な保護者の中には、教師を鼻からバカにしているような人がいる」

「子供が学校でのことをほとんどしゃべらないため、何があったのか不安でたまらず教師に聞きまくる」

- 授業参観中や懇談会において、特に高学歴で博識な保護者から、どんなに厳しく辛辣な質問をされるか気が重くてなりません。
- ＰＴＡ懇親会への参加は気がすすみません。なぜなら保護者に弱みを握られたり、色々と詮索されたりしそうで、どうしても身構えてしまうからです。
- 学校は外部評価制度があるため、何か問題が起こるとＰＴＡ会長などから評価を下げられたり、追及されたりしないか心配です。
- 保護者は子供の言うことは一〇〇％信じるが、逆に教師の言うことはすぐに信用してくれないことが多いので、なかなか話がまとまらず苦労します。
- 最近はマスコミ報道やネット情報に煽られるためか、保護者は何かトラブルが起こる度に、学校や教師を批判することが多くなったと思います。

・消費者（保護者・生徒）中心主義が蔓延したためか、自分の子供や家庭のことしか考えず、わがままな意見や要求を通そうとする人が増えて、対応に困り果てています。

保護者対応のアドバイス

①時にはリラックスできるような雑談や息抜きが必要

学校や子供のことなど仕事上の話ばかりでなく、時には趣味などの話も交えると深刻になりすぎず、保護者との会話も弾みやすくなります。特に懇親会などの気楽な場では、カラオケやゲームなども交えて気取らず自分をさらけ出せば、仕事以外での人間性（特に良い面）を知ってもらえます。それが保護者との距離を縮めることになり、日頃の情報交換もしやすくなると思います。

ただ、保護者の人間性や子供をめぐる関係によっては、様子を見ながら情報を小出しにしたほうがよい場合がありますので、そこは臨機応変にやりましょう。また当然ですが、あらぬ疑いをもたれぬように、異性の保護者との個人的な会食等は控えるべきです。

②管理職はＰＴＡ会長他幹部の方との信頼関係の構築に努める

特に学校管理職ほど、常日頃からＰＴＡ会長をはじめとする幹部の方々との、アフターも含めた積極的な交流や情報交換を心がけましょう。そして信頼関係を築くことができれば、学校事故やモンスターペアレントの対応などで困った時に、味方として頼りになる存在となるはずです。

③保護者を対立関係ではなく、できるだけ協力関係に導く

児童生徒の問題行動の指導時に大切なことは、多少保護者に不安があっても、子供の成長を願う気持ちは同じであることを意識させ、一緒に協力して指導する方向にもっていくことです。例えば最初の指導申し渡し時に、「お母さん、子育てはなかなか思い通りにならず本当に大変ですよね」と言って、保護者（特に母親）に共感を示します。その上で子供の問題点や学校側の要望を出していけば、相手は話を受け入れやすくなります。最後には「お子さんを立派な大人に育てたい気持ちは我々も同じですよ！」と言って親心をくすぐり、少しずつ協力関係へと導いていきましょう。

ただごく一部に正真正銘のモンスターペアレントがおり、この場合はヨイショしても通じませんので、割り切って親の指導は後回しにし、子供の改心に全力を注ぎます。

④保護者には遠慮なく学校に来てもらう

子供の話だけ鵜呑みにされ、いきなり教育委員会や警察に訴えられてしまえば、学校は一気に窮地に立たされてしまいます。ですから、教師は常日頃から、何か聞きたいこと、言いたいことがあれば、いつでも学校（担任や管理職等）が直接話を聞く用意があることを、機会あるごとに保護者へ周知しておきましょう。学校側の不法行為が明らかな場合には、警察への訴えは避けられないこともあるでしょうが、大きな被害がなければ学校との話し合いで和解できることもあります。まずは保護者からの苦情や訴えが、スムーズに学校へ伝わる流れを確立しておけば、少なくとも誤解を減らし、解決への時間を短縮することができます。

ただし、学校ですべて解決しようと頑張りすぎないことも大事です。あまり急いで話をまとめようとしすぎると、保護者によっては隠ぺいと受け取られ、益々問題が大きくなってしまうおそれがあるからです。解決に向け誠心誠意努力をしてもダメなら、あとは覚悟を決めて保護者の外部機関への訴え等、堂々と受けて立ちましょう。

⑤マスコミ報道への対抗手段は、保護者へ迅速に誠意ある説明を行うこと

学校や児童生徒の大きな事件が起こると、マスコミ各社はこぞって学校の責任を追及するような報道をします。もし、記者会見などで、学校側が責任逃れと受けとれる発言をしようものなら、記事や放送を通じて彼らの追及の手は一段と厳しいものになり、一般市民だけでなく、同じ学校の保護者ですら、学校が責任を負わず隠ぺいをしていると感じてしまうでしょう。

ですから共同記者会見は可能な限り引き伸ばし、できれば少しでも先に保護者説明会を開いて、包み隠さず事実関係を説明するとともに、質問・疑問に誠意をもって応えることです。その対応に大半の保護者が納得してくれたなら、学校の味方になる人の割合も高まります。その後テレビ等で記者会見を見た保護者は、偏向報道があれば気づくかもしれません。そうなればたとえ世間（市民）が騒いで糾弾しても、学校と保護者が協力して対抗することができます。

第4章　こんなときどうする——部外者編

ここからは、教師の皆さんが部外者（組織）に対し常日頃抱いている思いを、自らの経験を踏まえ私なりに代弁してみたいと思います。

1　教育委員会・教育委員への要望

まずは教師にとって最も近い組織である教育委員会です。拠点は学校外ですから部外者といえそうですが、人事や管理責任等学校と深い関わりがありますから、教育現場の部内者ということもできます。いずれにしても、外部と学校の橋渡しをする重要な組織ですから、教育委員会には頑張ってもらわなくてはなりません。そのため、より具体的な要望となりますので、内容によって一般教師と管理職に分けさせてもらいました。

【一般教師より】

不祥事に対する記者会見と謝罪のあり方

何か事故や不祥事がある度に記者会見を開き、テレビ・新聞等で謝っていますが、少し低姿勢すぎませんか？　もちろん教師が不法行為をすれば当然その罪を償わなくてはならないし、社会的責任をきちんと負うべきでしょう。しかし、その内容（事の大きさ）によっては、わざわざ記者会見を開き、何人もの教育委員会幹部が、テレビカメラの前でそろって頭を下げる必要はないと思います。

次のような情報媒体紛失問題のケースはどう思われますか？

「正当な手続きを踏んで、生徒の個人情報が保存された情報記憶媒体を学校から持ち出したが、どうしてもその日に生活必需品を買う必要があったため、車で帰宅途中にスーパーに寄り二〇分ほど買い物をした。ところが車は施錠していたのに店の駐車場で車上荒らしに窓ガラスをこじ開けられ、カバンごと媒体を盗まれてしまった」

さて、このケースでは、家に直行しなかったことは確かに本人の不注意ですが、間違ってはならないのは盗んだ犯人が一番悪いわけであり、この教師は被害者だということです。ところがテレビ謝罪記者会見が開かれ、教育委員会の幹部がそろって頭を下げている映像だけを多くの県民が見てしまえば、「大事な情報を流出させるなんて教師は一体何をしているのだ。管理が甘い！」と学校側を批判したくなるでしょう。

もちろん結果的に情報漏えいの可能性があることについて謝罪は必要でしょうが、このケースでは、被害対象者がわかっているわけですから、わざわざ全県民に謝らなくても、当該校で保護者会を開くなどして対応すれば済むことではないでしょうか。つまり、同じ情報漏えいであっても、教師自らが意図的に受験産業などへ媒体を売ったり流したりしたケースと、正当な手続きをきちんと踏みながら盗難被害等で流出したケースでは、柔軟に対応レベルを変えるべきではないか、ということです。

ですから、地方自治体や教育委員会は、あらかじめ警察や報道機関と協議を重ね、共同記者会見を行う基準をもっと細分化しておくべきです。そうすれば基準以下の事件については、報道機関へ一方的に情報提供する必要はなくなるはずです。

教職員倫理110番等、外部通報制度の問題点

匿名による通報受付についても大いに疑問があります。学校では不法行為等について、生徒の実名を挙げて通報があったとしても、訴え者が匿名の場合は行為が現在進行形でない限り、すぐに動かないのが原則です。なぜならば、名前を挙げられた生徒やその親を貶めるための偽情報の可能性もあり、実際に私の周りで何度かあったからです。それでも学校はひと通り話を聞き、内容の具体性・関連性などから、ある程度情報の信憑性を判断しますが、名乗ってくれない場合は必ず、

「調査結果を報告するので連絡先を教えてください。あなたが情報源と特定されないように、学校が責任をもって対処しますので」

と言って、名前・電話番号（住所）を聞きだします。それでも教えてくれない場合には、

「申し訳ありませんが、生徒の名誉・人権に関わることですので、お名前・連絡先を教えていただけなければ、該当生徒から直接聞き取ることはできませんのでご承知ください」

と返答します。もし、中途半端な情報で生徒に疑いをかけた場合、生徒だけでなく保護者ま

でもが、人権侵害で訴えてくることは十分考えられるからです。ただ、匿名の場合でも、情報（日時・場所・内容・頻度等）が極めて具体的であれば、間接的に周辺から情報を集め、裏が取れたうえで、該当生徒を聴取することにはなると思います。

こうしたことと比べると、教職員の人権保護は極めて脆弱ではないでしょうか？

おそらく自治体や教育委員会に寄せられる情報の七〜八割は事実でしょう。しかし一部ではあっても、偽情報で動いてしまったらどうなるでしょうか。対象教職員の人権侵害はもちろんのこと、やらなくてもいい調査に振り回された教育委員会や学校関係者もいい迷惑です。特に教師の犯罪行為やセクハラに関する訴えの場合、マスコミが知ってしまったら取り返しがつきません。後で虚偽だとわかっても、相当期間当該教師の名誉は回復しないでしょう。

つまり当たり前の話なのですが、自分にやましい点がなければ本名を明かすはずであり、もしそれで不利益が生じるようなら、遠慮せずに訴えればよいわけです。訴えの対象者が、いつ危害を加えるかわからないような危ない人間であれば細心の注意が必要ですが、不法行為等が事実なら、訴えられた教員が仕返しに執念を燃やし、情報提供者の安全を脅かす可能性は極めて低いですし、自治体や教育委員会が、情報提供者の個人情報を簡単に漏えいすることも考えにくいと思います。

学校における改革・改善・研修等のあり方

今や何か子供や教師に関する大きな事件が起こる度に、議会や文科省が慌てて動いてしまうので、指導・通達を受ける教育委員会は確かに大変だとは思います。しかしながら、文科省の言うがまま一方的・一律的に、改善案や研修の実施を学校に要求するのはやめてください。

学校は地域や校種、規模によって、また実際の児童生徒集団によって適合する教育（指導）はかなり異なります。同じ校種であっても、特に高校の場合、有名進学校と教育困難校・定時制高校とでは、生徒の学力・家庭環境・進路・思考・気質等において、格段の相違があることはご存知のことと思います。このような現場の状況を無視して一律な指導を行えば、学校によっては効果が疑問視されるような改善案作りのための会議や文書作成に時間を取られるなどして、子供と向き合う時間が益々減ってしまいます。

また研修内容が、教師全体に不祥事の反省や連帯責任を問うような「そもそも論」に陥ってしまったら、教師のモチベーションは下がるばかりです。当然文科省への報告が目的化するような改善案では意味がありませんが、もし本当に改善が必要なら、学校裁量を大幅に拡大し、現場に任せてほしいのです。一番大事なことは、児童生徒が実のある教育を受けられるように、学校の教師全員が連携協力し、やりがいをもって授業や他の校務に取り組めるようにすることではないでしょうか。ですから、県（市）内の学校すべてに強制的に報告・提出を求めるのではなく、成功した学校に事例を報告してもらい、それを各校に紹介していくほうが実質的効果はあると思われます。

【管理職から】
文科省や地方自治体への対応

今教育委員会に配属されている教職員の方が、大変なご苦労をされていることはよくわかるのですが、文科省や地方自治体への対応を変えていかなければ、学校現場にしわ寄せがいく状況は何も変わりません。文科省に関しては国の制度そのものの問題ですので対応が難しいとは思いますが、どうも規則や指導について、都道府県や政令指定都市すべて一律に守らせているわけではないようです。

例えば単位制高校の生徒在籍年数一つをとっても、都道府県によって差があるのです。生真面目な県は、学校教育法施行規則に在籍年数制限が規定されていないからという理由で、いつまでも在籍できるしくみになっていますが、別の県や市では、在籍年数を六年や八年に限定する学校を認めています。その理由は、単位制の高校では毎年不登校などによる未履修生徒の数が多く、ある程度の期間で卒業又は退学してもらわないと、在籍者が増えすぎて教室や授業集団の受け入れ能力を超えてしまうからです。この例のように、地域や学校の実情に合わせた対応が必要になりますから、時には地方自治体や教育委員会が、学校教育法施行規則などの法規を幅広く解釈し、適用を柔軟に考えていくことが必要だと思います。

文科省の言いなり、受け売りではなくて、県（市）内の学校・児童生徒のために、誠意のある実質的な対応をしてくれたなら、現場の教師も教育委員会を信用するようになると思います。

地域差や学校種差、学校間格差への認識と対応

同じ学校種でも高校は学校間格差が大きく、一つの施策がある学校には合致していても、別の学校ではまったく機能しないことがあります。例えば「四〇人学級」という基準も、超教育困難校や定時制では余りにも多すぎます。クラス内に不登校生徒が三人、発達障害生徒が三人、粗暴な問題行動生徒が三人、経済困窮（学校諸会費が払えない等）家庭生徒が三人、同級生をいじめる生徒が三人いたら、一体どうなるでしょうか。クラス担任はギブアップするかバーンアウトする可能性が高くなるでしょう。

「そんなクラスなんてあるわけがない」と思われる方もいるでしょうが、私は毎年退学者が八〇～九〇名も出た学校、年間問題行動発生件数が百数十件あった学校、卒業までに十数名の退学者が出たクラスのあった学校に勤務しましたので、何の驚きもありません。ある定時制高校に勤務した時は、大人数クラスではとても生徒全員に目が行き届かないため、四〇名を便宜的に二つのクラスに分け、それぞれに担任をつけました。しかし、「公立高等学校の適正配置及び教職員定数の標準等に関する法律」に基づき、教職員の数は全日制高校とほぼ同じ基準でしか配置されませんから、全クラスに副担任をつけず、教務主任、生徒指導主事以外は全員担任

についてもらうしかありませんでした。

体罰や厳しい指導の基準についても、文科省の指示通り項目を羅列してこれはよい、これはダメと言われても困ります。小学校低学年の生徒は身体で覚えて理解できることもありますし、中学高校の教育困難校では、時には声や目つきによる威圧も行使しなければ、百戦錬磨の問題児達は抑えられません。彼らが動物的な鋭いカンで「この先公は俺より上か、下か?」と嗅ぎ分け、態度を豹変させる日常的光景を、教育委員会の方はご存知でしょうか。

こんな杓子定規の悪平等が続いてしまうと、いじめ問題をはじめとして、何かあればすぐに教師の指導責任を問われる現代においては、教育困難な学校に勤務しようとする先生は益々減ってしまいますから、その学校では教師の指導力や団結力が落ち、生徒の問題行動が増えていくという悪循環に陥ってしまいます。

このように学校現場は千差万別ですから、教育委員会は法律・条例の制約の中で、学校差を最大限踏まえた指導や運用を行い、当該校の教師が児童生徒に最も適した教育活動を行えるような、支援やアドバイスをしてほしいと思います。

共同記者会見などへの臨み方

ここでは、管理職から見たテレビ記者会見そのものの問題について述べたいと思います。

まずテレビ等による共同記者会見はマスコミと対等な関係ではありません。少しでも言葉の使い方を間違えたり、事実と確定していないことを公表したりすれば、画面を注視する県民市民に格好の攻撃材料を与えてしまいますので、学校側は言葉を選びながらの慎重な答弁に終始するわけです。つまり、質問への反論どころか、学校側の真意を述べることすら憚られる状況なのです。確かに全国的に注目されるような大事件であれば、テレビ共同記者会見は避けられないでしょうが、少しでもマスコミ側主導で事を運ばせないためにも、記者会見の前に取材条件について可能な限り交渉し、その時点では学校が応じられない質問等について、はっきりさせたうえで臨みたいものです。

また、全国的な大事件でなければ、できるだけ各社個別の対応に誘導すべきでしょうし、報道機関が校内にテレビカメラを入れようとする場合にも、撮影や放映できる条件についてマスコミ側と事前に協議しておきたいものです。

そして打ち合わせや収録時には、ぜひ学校側も相手の承諾を得て録画・録音をさせてもらうべきです。もし学校側の真意が市民に伝わらないような、意図的な編集や放送がなされたり、事前の約束事が反故にされたりした場合には、この記録媒体を証拠として抗議・訴えを起こす用意があることを協議時に報道機関に伝えておくことも、対抗手段として必要だと思います。

教員人事異動の慣例をやめ、大々的に刷新する

県によって多少異なると思いますが、管理職の一校平均の勤務年数は結構短く、静岡県は二

～四年が普通です。そして人事異動にはあるパターン（特に高等学校）があるため、次の異動先や役職は一般教員から見ても結構わかりやすく、「○○先生は今五一歳でA高校教頭だから、次は進学校のB高校教頭あたりだな」、「□□先生は五○歳と若いが今県教育委員会の人事担当だから、次は拠点校C高校あたりの副校長で転出するな」という具合です。

静岡県では三月の異動の時期ともなると、「D高校は現E高校校長か？」というような大きな見出しが地方紙の一面を飾るのですが、D高校とは県内一、二の伝統ある進学校を当ててはめてみてください。校長の最高位（？）がこのD高校校長だということは、昔から県教育界では周知されていたことであり、実際に今までD高校校長から県教育長になるケースがかなり多かったのです。最初は地方の小規模校、次が地元の中堅校、その次が進学実績のある拠点校、というように異動の順番がある程度決まっていますから、何割かの管理職は次の異動先に期待をしてしまうわけです。

私は以前から、なぜこんな判で押したような人事異動をするのか疑問でした。まさに「人事のランク付け」を新聞で毎年公開しているようなものですから、世間（県民）は「進学校の先生は優秀でランクが上」という評価をしてしまうわけです。どうして進学校の校長のほうが総合校や教育困難校の校長より上位なのでしょうか。よっぽど後者のほうが校長の経営手腕を発揮するチャンスがあると思うのですが……。

そこで、私のアイディアを出しましょう。

①県内の教育困難その他課題のある学校を立て直した校長を、将来県教育行政の要職（教育長他）に登用する。
②校長は定年まで一校勤務、又は一校で五年以上勤務する。

これを新たなルールとすれば、特に教育困難校などで次の異動ばかり考え、短期間事務的に職務をこなすような校長はほとんどなくなるはずです。一校だけなら校長自ら勤務校を母校と思い、骨をうずめる覚悟で真剣に取り組むようになりますから、所属校の教員も、生徒指導等大変な仕事であってもやりがいを感じるようになるはずです。

そして、管理職人事が進学校や拠点校優先から変わることで、一般教員の人事異動もやりやすくなります。暴論かもしれませんが、現在のように教員から丁寧に異動希望を聞いても、一部教員のごね得のような状況が変わらないのであれば、定年までの異動条件（例えば高校の場合、通勤可能地域の異なる課程や学科、学力レベルの学校すべてに勤務する）を全員公平に課し、希望を一切聞かずに異動命令を出してはどうでしょうか。その方が教育委員会にとって、異動計画にかかる労力や時間が激減しますし、不公平感がないから教員自身の割り切りもできやすくなると思います。

2　文部科学省への疑問と提言

次に、文部科学省に対して現場の声を上げていきたいと思います。提言といっても教育委員会に比べたらあまり実感を抱けないかもしれませんが、そもそも文科省の方針が教育現場の在り方を左右していることを考えれば、現場の教師から声を上げていくべきです。

【疑問】

①文科省キャリアはほとんどが教師未経験者

文科省キャリアはエリートですが、学校で児童生徒を教えたことはほとんどありませんし、有識者会議や教育審議会のメンバーも同様に、教師出身者は少ないと思います。また、会議では具体的な施策がなかなか決まらなかったり、逆に既にレールが敷かれていて形式的な話し合いになったりしていますし、時間や経費の無駄に思えて仕方ありません。会議で決まった施策は本当に学校現場で生かせる実効性があるのか疑問です。

②全国一律の施策の上意下達

世の中を騒がせる学校がらみの事件などをきっかけに、文科省が「体罰基準」に見られるように、内輪で草案し決定したきまりを一方的に学校現場に押しつけるのは納得しかねます。地方自治体だけでなく、学校も地域・校種・課程・学習環境などによりかなり隔たりがある中、法律や規則等で一律に統轄するのは矛盾しています。

③本末転倒な全国アンケートの実施

いじめや体罰などの全国的な大事件が発生すると、必ずといっていいほど全国一斉のアンケートが実施されますが、その度に学校は印刷・配布・回収・集計等に追われ、生徒に向き合う時間が奪われるという、本末転倒の状況です。当然全国集計には時間がかかりますし、分析結果が出たところで、文科省は何か具体的に学校をサポートしてくれるとは思えません。結局、手段が目的化していくばかりで、真の問題解決にはつながっていないのです。

④ＯＥＣＤ加盟国最低の教育予算と形式的な教育改革

最近の調査によると、日本の高等教育のＧＤＰ比公的財政支出割合は、ＯＥＣＤ加盟三四か国中最低でした。このように、教育予算や人員をさっぱりを増やしてくれないのに、教育改革の名のもとにやたらと新しいプロジェクトを立ち上げますが、なおさら学校現場にはお金が回ってこなくなるのではないでしょうか。

⑤大学擁護による税金の無駄と家庭教育費の増大

子供の数が減り大学受験者数も減少傾向にあるのに、文科省はどうして新たに大学や学部学科を認可し、大学の総定員を増やしたり莫大な補助金をつぎ込んだりするのでしょうか。

その一方で、大学の入学金・授業料・諸会費が高すぎて、長期の教育ローンを組まざるを得ない家庭も多く、中には進学を諦める生徒もいます。また最近は有利子の奨学金が増えたため、大学卒業後、利子で膨れ上がった借金に追われ、なかなか返済できずにブラックリストに載った若者さえいると聞きます。これでは何のために大学に行くのかわからなくなります。

⑥文書伝達による責任転嫁

管理職をしていると、よく文科省から膨大な指導や通知の文書（時には文部科学大臣のメッセージまで）が一方的に送り届けられますが、形式的・理論的なものが多く、中にはコピーの繰り返しで活字がつぶれた文書もあって、思わず笑ってしまいます。お役所は一方的に伝えさえすれば、職務を全うしたことになるのでしょうが、学校現場ではたいして役に立たず、はっきり言ってお金（紙）の無駄です。

⑦教師の犠牲の上に成り立つ学校教育

近年教師の勤務条件は、一部の特殊勤務手当を除いてほとんど改善されていません。平日のサービス残業（手当一切なし）、休祝日の低い特殊勤務手当（部活指導等）、主に運動部顧問の一ヶ月八〇時間を超える時間外勤務（産業医の面談対象）などに文科省は目をつぶったままですが、教師の勤務条件改善のため、政府・議会と戦う気はあるのでしょうか。

⑧大学入試制度が日本の教育を歪めている

大学入試は、高校における知識・技能の理解度・習得度をみるべきものであるはずなのに、なぜ高校の授業やテストの実態に疎い大学側が問題作成するのでしょうか？　また主に大学側の都合で、受験科目や出題範囲が頻繁に変更されるため、受験生はもちろん中学校や高校も、変更の度にカリキュラム改編など、その対応に振り回されています。

【提言】

①文科省は、教育（学校）現場や各自治体・教育委員会へのサービス機関としてあるべきです。文書による一律指導など中央集権的な上意下達方式をやめ、地方（自治体・教育委員会等）に大幅に権限を委譲すると共に、学校独自の裁量も増やしてほしいと思います。またサービス機関として現場の意見を反映させるために、現役教師を省職員として多く採用してください。

②文科官僚は全国各地の学校（特に義務教育校や教育困難校）へ教師（講師）として一定期間（三年程度）出向し、ぜひ教師（学校）の仕事を実体験してください。学校現場がよくわかるようになり、教育施策にも活かせるはずです。

③現在の教育再生会議や審議会に代わる「現役教師協議会（ネットワーク）」を立ち上げ、教師の意見やアイディアを、ボトムアップ方式で迅速かつ効果的に施策へ反映させてください。

④入試制度や補助金、天下りなど、特に大学との癒着・なれ合いをぜひ解消してください。そしてその余剰資金を、全国の幼稚園～大学の授業料無償化を実現するために役立ててください。

⑤公教育は短期の費用対効果や市場原理にはそぐわないですから、お客様（子供・保護者）中心主義から脱し、長期的ビジョンに立って学校を支援してください。
⑥教師を応援するために、マスコミに対しては良いことを積極的に広報し、事件事故が起こった時には、逆に学校（教師）の防波堤の役目を担ってください。
⑦教師の勤務条件（残業等）を改善し、教育予算を増やすために、政府や地方自治体、議会と粘り強く交渉してください。
⑧学校運営がしやすくなるように、校長の人事権大幅拡大を制度化してください。

政府・議会への八つの提言

しかしながら、やはり政府や議会が動いてくれなかったら、文科省がいくら頑張っても教育施策は実施できないわけですから、政府・議会向けの提言も次に示します。

①中央集権体制を緩和し、税収等の財源と教育の権限を地方公共団体へ大幅に割譲し、それに伴い文部科学省を廃止又は権限縮小してください。
②各国・各県との比較（テスト順位等）に一喜一憂せず、また目先の効率や合理性ばかりを考えず、長期的ビジョンのもとに大局的な立場で教育施策や予算編成をしてください。
③理屈で学校現場の問題は解決しません。トップダウンによる教育会議開催や立案はやめ、現

場からの意見・提言を積極的に取入れるボトムアップ型に変えてください。
④ニュース報道などを鵜呑みにするのではなく、頻繁に学校を視察（できれば臨時職員として勤務）するなどして、教育現場の実情をじかに正しく把握してください。
⑤センセーショナルな報道に惑わされ、あわてて対処療法的に実効性のない法律を作ったり、短絡的な罰則強化（校名公表等）に走ったりしないでください。また、やたらと調査・報告を課すことで教師が子供と向き合う時間を奪わないようにしてください。
⑥教師の勤務条件（超過勤務と残業手当、部活動顧問の位置づけ等）を早急に改善し、それを法制化してください。また、学校の責任範囲を明確にし、学校が責任を負わなくてもよい業務（特に校外での仕事）を世間に周知してください。
⑦教師を政治家や教育行政に積極的に登用できる流れを作るか、無理なら逆に議会や政府（行政）が直接には学校現場に関与できないシステムを作ってください。
⑧全国すべての幼稚園～大学で、学習にかかる経費（授業料、教材費等）を無償にしてください。

3　地方自治体への問題提起

地方自治体への提言は、２で述べた「政府・議会への八つの提言」のうち①以外すべて重複しますので、ここではある実例に沿って、地方自治体に対する現場からの要望を挙げていきます。

ある県の監査報告において、集団万引き事件を起こした県立高校が公表されたのですが、報道を通じて高校名が全国に知れ渡ったため、この学校はメールや電話・FAX等で数多くの抗議や嫌がらせを受けました。確かに万引きは窃盗と同類の犯罪行為であり許しがたいことではありますが、実はこの公表については多くの問題点があったのです。

まず、実際に万引きが起こったのは公表の約二年も前のことで、該当生徒の多くは既に卒業していました。これは、今の在校生にとってはとんだとばっちりです。突然昔のことで学校の評判を落とされ、もし就職や進学に不利益が生じたなら、生徒や保護者に謝ってすむことではありません。この監査委員が公表した裏には知事の意向があったと聞きますが、事実なら理解に苦しむ判断です。

次に、この事件は確かに万引き人数は多いものの、大半が校内購買店で昼食（パン類）販売時に発生した万引きでした。仮に当該高校生達がいくつもの万引きチームをつくり、数十名以上が校外で組織的・定期的に万引き行為を繰り返していたとしたらこれは大きな問題になるでしょうが、実態は、昼休みパンを買おうと生徒が購買に殺到した時、売り手がおじさん一人で手が回らず、そのうち目が届かないのをいいことにパンをくすねる者が出たが、一向にばれなかったため四七名まで増えてしまった、というわけです。これが万引きをした生徒の約三分の二を占めているのです。

どんな形であれ万引きは許されない行為ですが、購買店で売れた品目・数量と売上金をこまめに照合し、金額が足りないことを迅速に学校側に報告してくれていれば、ここまで大人数には膨れ上がっていなかったでしょう。

そして、生徒指導の人数・件数の多さ＝学校の荒れと断定するのは早計であるということがいえないでしょうか。この高校では生徒指導体制がしっかりできており、校外の量販店で万引きした生徒を厳しく追及したからこそ、また、生徒が正直だったからこそ、校内の万引き犯まで芋づる式に見つかったわけです。一見矛盾するようですが、実は生徒指導をしっかりやっている学校ほど、問題行動の件数や人数は多くなる傾向があります。なぜなら教師のアンテナが高いため、普通は気づかないような問題行動も見つけてしまいますし、「教師への威圧的反抗的態度（悪態をつく、声を荒げて詰め寄るなど、手を出さない程度のレベル）」「授業のさぼり（怠業）」など、進学校ではほとんど懲戒対象として取り上げないようなことも、しっかりカウントするからです。

この万引レベルで校名が公表・報道されるなら、傷害致死、集団暴行傷害、恐喝、集団暴走をはじめ、問題行動の懲戒件数が年間百数十件にも達したかつての私の勤務校は一体どうなるのでしょうか？

議会・行政と教育現場との乖離

また、万引きの犯行人数や件数、被害金額など、全体の被害状況は、実のところほとんどわからないのです。なぜなら、学校や警察が知りうる万引き情報は、氷山の一角に過ぎないからです。実際の万引き発生件数→万引き被害認知件数→店舗による犯人の拘束件数又は特定件数→店舗から警察への通報件数又は学校への連絡件数→警察から学校への連絡件数の順にその数は小さくなっていくでしょう。一体万引きが何件あったのか、実態を把握できない店も多くありますし、捕まえることのできた人数はさらに少なくなります。

そして店では対象が児童生徒の場合、①警察に通報する、②学校に連絡する、③保護者に引き取りに来てもらうのいずれかの方法（一つとは限らず）をとるわけですが、やはり②③が多くなります。最近は①のケースもあるようですが、逮捕しても相当悪質でなければ、万引き情報をわざわざ警察から学校に流すことは少なく、③だけの場合でも、保護者が正直に学校に申し出るケースも少ないでしょう。

つまり、万引きした生徒個々には厳しく指導すべきですが、報告件数の多い学校だけ実名を挙げて叩くというのは、木を見て森を見ておらず、まったくの的外れだということです。実は生徒指導の件数を減らすのは簡単なことです。別に揉み消しなどしなくても、学校の問題行動の指導懲戒基準を甘くし、厳密な調査や追及をしなければよいのです。

さて、この件で弁護士会や教育委員会から、公表について異議が出されましたが、それに対して謝罪はともかくも、監査委員のコメントは当該校在校生・保護者へのいたわりや思いやりすらなかったと記憶しています。

このように議会や監査委員の権限は、教育委員会との比ではありません。最近県議会の監査報告で実際に取り上げられる案件は、今の学校（教師）批判の流れに乗ってか、公立学校に関するものが多いのです。その報告に対し議員があぁだこうだと要求を出し、教育委員会が命令され、学校現場がその対応に右往左往するという図式です。

学校予算に関しても、自治体の財務が権限を握っており、学校一つ造るにも現場の教師や保護者の意見はあまり重視されません。「いかに児童生徒が学びやすい学校施設を造るか」ではなく、「いかに節約し効率よく学校施設を造るか」により予算や建設計画が決まっていくことを、私は当時新校舎建設に関わった学校関係者の一人として目の当たりにしています。

このように地方議会や行政が教育現場と乖離している現状を、市民の方にも知ってもらえるとありがたいです。もう少し教育委員会に権限を与え、学校現場の声をしっかり汲み上げてほしいものです。

4　マスコミ（有識者）への問題提起と要望

【問題提起】

①マスコミの権威主義的な報道

東日本大震災の時の原発事故報道などで明らかになったように、新聞・テレビなどは公正な報道を謳うわりに、電力会社などの大スポンサー企業や政治権力には弱いです。報道すると不利益になるような相手は厳しく追及しないのに、ほとんど反論・反撃しない教育委員会や学校などは、遠慮なく批判や責任追及をします。たとえば、教師が勤務時間外に校外で起こした私的な事件（軽微な犯罪含む）まで、連帯責任の罰を与えるように、勤務校名を報道することには問題がないでしょうか。教師には特に高い倫理観が求められるとしても、これは仕事と無関係な個人の罪を、学校組織の問題にすり替える世論操作にもつながりかねません。もちろん、教育界が了承した報道協定でしょうが、教師の不祥事が起きる度に厳しいペナルティを要求してきた、マスコミや世間の圧力が背景にあると思います。

学校名が広く世に知れ渡れば、事件に関係（責任）のない当該校の生徒や保護者、真面目に職務をこなしている教師など多くの人間が、地域住民や世間からの批判にさらされます。そうなれば学校関係者が個々に精神的ストレスを受けることはもちろん、学校自体も将来にわたって大きなダメージ（不評→受験倍率の低下→レベル低下）を被る恐れがあるのです。このような弊害がありますから、事実は事実としても、報道の仕方は公平にしてほしいと思います。

②極めて特殊な事件・事故の一般化

特に子供や教師に関係した大事件発生時には、国民の関心を引くため、つまり視聴率を上げ営業利益を増やすために、極めてまれな事件であるにもかかわらず、いつどこでも発生するような危機感を煽り、偏向・過熱報道をすることが多いと感じます。教師がセクハラ事件を起こしたら、世の中の教師は皆同じ危険因子を持っているかのようなコメントを加えることがその一例です。もちろん民間企業でも、業務上の故意や重大過失による死亡事故など、インパクトがあれば同レベルで報道されるでしょうが、職種（職業）全体がターゲットになることはほとんどないでしょう。

③独善的な価値観に基づく情緒的な結論ありきの報道

さも自分たちが「社会正義そのもの」であるような独善的な価値観に基づき、事件・事故の原因探しや結論に固執することが多いように思います。特に国民が関心を持ちやすい子供が関係した事件などでは、客観的根拠は二の次にして関係者を善悪に分け、情緒的に国民の感情に訴えかけるような報道が見られます。たとえば子供が自殺すれば、すぐにいじめと結び付けようとし、わずかでもその疑いがあったら、いじめたとされる児童生徒や自殺を防げなかった学校を加害側に位置づけ、自殺者を彼らの被害者・犠牲者としてクローズアップするという、ワンパターンな報道が繰り返されています。それが死を美化・英雄化することにつながり、「死んで恨みを晴らそう！」という子供を増やすなど、かえって子供の自殺を煽ってしまうことになる場合もあるのです。

④学校現場の現実がよくわかっていない報道関係者

こまめに学校に足を運んで現状を直視することもしないで、出身校（主に優秀校）の教育環境を基準にしたような学校批判の報道や記事が時々見られますが、教育困難校や定時制高校をはじめ、多種多様な学校現場の厳しい現実をあまり認識していないようです。

⑤マスメディアは世論形成に大きな影響力を持つ権力機関であるという事実

マスコミ自身が意図しようとしまいと、国民への影響力は絶大です。そもそも世論調査を毎月やる意味があるのか疑問なのですが、マスメディアはそれぞれ立ち位置（思想信条やスポンサー等の利害関係）がありますから、作成されたアンケート項目や解答の選択肢の設定の仕方によっては、国民が無意識のうちに利益誘導させられる危険があります。ましてや一部の見識あるブロガーを除き、大多数の国民にとって選択の判断材料は、報道機関から一方的に流される情報がほとんどですから、アンケートの回答は当然ながら、各自がよく見る大マスコミ（特にテレビ）の報道姿勢や内容に左右されることでしょう。実はメディア・リテラシーに欠ける人は、日頃からさも自分の意見のように主張や批判をしていても、マスコミなどによって世論操作されていることに気づいていません。しかし、残念ながら今の日本では彼らが多数派なのです。

これまでマスコミは、何か事が起こる度に、教師・学校の責任追及や批判を繰り返してきましたから、教師に対する世論が日増しに厳しくなっていくのは当然の結果といえます。一部に批判されるべき教師がいるのは確かですが、大半の教師は真面目に職務をこなしているという事実に、ほとんどスポットが当たらないことが問題なのです。

【要望】

さて、問題点を指摘するだけではなかなか改善しません。そこで前項の問題提起を基に、次に要望の形でまとめてみました。特に日本の繁栄を願う心あるマスコミ関係者や有識者の方には、ぜひ積極的な取り組みを期待します。

①普段からこまめに様々な校種やタイプの学校に足を運び、教育現場の現状を自分の目で確かめてください。そして、できれば教育実習生のように臨時職員（講師）として、児童生徒を相手に、一定期間授業（免許状がなければ研修や実習）をしてみてください。その場合義務教育校か、高校なら少し指導の大変な学校のほうがよいと思います。なぜなら、子供は皆が純真無垢で素直に言うことをきくわけではない、という現実を実感しやすいからです。

②真面目に職務をこなす大多数の教師達にもっと着目し、プラス評価できるような仕事や業績を意識的に取り上げ、定期的に一般市民に紹介してあげてください。

③報道機関として「公共・公正な報道」を第一の使命と考えるなら、国民に最も影響力を持つ権力機関の一つであることを強く自覚してください。営利企業として視聴率が取れそうな、国民が関心を示すような事故や事件を取り上げたがるのはわかりますが、過度なバッシングは日本の教師全体を疲弊させ、やがては教育崩壊につながってしまうことをぜひ肝に銘じたうえで、実質的に公正な報道をお願いします。

5　日本の将来のために

以上、部外者への疑問や要望を述べていく中で、現在日本の教育界を取り巻く問題の指摘も行ってきました。現在の教育問題の元凶は、ウケを狙って過熱・偏向報道を行ってきたマスコミ関係者や有識者、当選を意識しパフォーマンスで罰則強化に走ってきた政治家、その流れに逆らえず教委や学校現場に上意下達してきた文科省であると私は見ています。

世間をにぎわすいじめについても同様であり、いじめの現場に居合わせたりそれを止めたりした経験のない方は、余計なおせっかいはせずに、問題解決を現場（教師・子供・保護者）に任せるべきです。そして、部外者の無責任な言動が教育現場、ひいては日本の崩壊を加速させることに、いい加減気づいてほしいのです。

現実に日本では次のようなデススパイラルが始まっており、既に「段階4」に突入していると見ています。

段階1：不祥事の過熱報道により、特に教師、医師、看護師、警察官に対する批判・苦情が増加し、組織として謝罪や責任を負わされることが増える。
段階2：政治家や有識者が、厳罰的な法改正を行う一方、省庁（文科省等）を通して各現場（学校・病院・警察署等）に改善要求などの通達がなされる。
段階3：厳罰化等で当該職業人全体の勤務条件が悪化する（減給、サービス残業の増加、研修・報告義務の増加、不法行為や内規違反の厳罰化など）。
段階4：職業の魅力よりマイナス面（リスク等）が大きくなり、年々志願者が減少する。
段階5：受験者・合格者数の減少と質的な低下が続き、職業集団全体の質も低下する。
段階6：職員の質の低下により、ミスや事故・不祥事が多発する。
段階7：マスコミなどによる不祥事報道がますます過熱していく。
＊以下、1〜7が何度も繰り返される
段階8：その結果、学校では、教師の不足、質（指導力）の低下→児童生徒の知識・人間力の低下や問題行動の増加→利己的、わがままで未熟な人間が沢山世に送り出される。
病院では、医師・看護師の不足、技術・頭脳の低下→死亡事故など医療ミスの増加→診察や手術を受けられない人、救命できない人の増加→平均寿命の低下。

警察では、警察官の人手不足、質（解決能力）の低下→検挙率・逮捕率の低下→犯罪の増加、治安の悪化→市民は危険地区から移動（他県や外国へ）。

つまり、国民個々には教育・医療・福祉・治安の充実を願いながら、日本全体では無意識のうちに内部崩壊を進めてしまい、自らの首を絞めている状況なのです。

日本再生のカギは教育にあり

実は私が最も恐れていることは、全人教育がおろそかになっている日本では、政治家をはじめ自己中心的で既得権益にこだわるエリートが増えてきており、彼等が先ほどの段階8になる前に財産をまとめ、さっさと一族で日本から出ていってしまうことです。さすがにそこまではしなくても、資産を海外に移したり、子供を海外に留学や就職させたりする可能性は高いでしょう。まさかと思うかもしれませんが、自分や身内さえ守ればよいという個人主義や商業主義が蔓延した日本では、権力者をはじめとして国を愛し国民を守るような公共心や奉仕の精神は育ちにくく、対岸の火事ではもっともらしい正論を言っていても、自分達の目の前に危機が迫った時にはその本性をさらけ出します。

今は国債もほとんど国内企業が購入して支えていますから、政府の一千兆円の借金もあまり問題視されませんが、国内で支えきれないほどの負債となり、日本の経済力が低下して国際的な信用がガタ落ちとなったら、国債は暴落し国民は地獄の生活となってしまいます。世界トップクラスの日本企業も大半が多国籍企業であり、いざとなれば日本国内で稼がなくても日本人が豊かにならなくてもいいのです。究極的には外国にほとんど利益が流れても、自分の企業がもうかれば問題ないわけです。

結局は財産も地位・権力もない、そして移住する費用や海外生活の当てもない約九割もの一般国民が、滅び行く日本に残され見殺しにされてしまいます。

何か日本の危機を煽るような話になってしまいましたが、本意ではありません。私は日本が好きですし、このまま崩壊してほしくはありません。日本を再生するためやるべきことは山積みですが、施策を行う人間に見識や指導力がなければ何をやってもダメですから、まず人を育てるための教育から立て直す必要があります。そのためには教育の現場を預かる教師が発信力を身に着け、教育のあり方を左右する部外者に対し、粘り強く教育現場の実態に即した実効的な提言や政策要求を行っていく、また現場の声が反映される仕組みを作っていく必要があると思います。

第5章　教師人生での実践から学んだこと

私はこれまで人や運に恵まれ、素晴らしく充実した教師人生を歩むことができました。人は皆それぞれ生き方が違いますので、私の生き方が参考になるのか、私のやったことを実践してうまくいくのかわかりませんが、皆さんの教師人生のヒントや励みにはなるかもしれません。少しでも私の生き方・実践がお役に立てればうれしいです。

1　私のストレス解消法

最初は私が三十数年の教師生活の中で実際に行ってきたストレス解消法です。意識的に取り組んだものばかりでなく、偶然だったり無意識のうちだったりしたものもありますので、気楽に読んで試してみてください。

①仲間と飲みに行き、本音で語り合ったりカラオケを歌いまくったりする

超教育困難校に勤務していた時、私は主に学年主任や生徒指導主事の職務を担っていました。若い教師が多い学校で大半が私より年下だったこともあり、よく部下を連れて飲みに行ったりカラオケをしたりしました。エネルギーあふれる熱い若者が多く、飲食店内で口論や掴み合いになったことも何度かありましたが、誰も生徒や学校を良くしたい思いは同じでした。行きつけのスナックのママさんも、そんな我々の人柄をわかってくれてか、いくら仲間同士でもめご

とになっても、「どうせ最後には仲直りするだろう」と、涼しい顔で見守ってくれていたことをよく覚えています。

それにしても当時は年間百数十件の問題行動が発生し、毎日遅くまで生徒指導に追われていたにもかかわらず、よく飲んだり歌ったりする時間もエネルギーもあったものだと、我ながら感心してしまいます。実は私は結構おちゃめなところがあり、当時はTMレボリューションが売り出し中だったのですが、行きつけのスナックで若い部下にネクタイをなびかせてもらいながら「ホワイトブレス」を熱唱したこともありました（三〇歳以上の方ならどんなシチュエーションかわかりますよね？）。

こうして皆で騒ぎまくり大いに発散した後、「さあ、明日も頑張るぞ！」となるわけです。

②趣味に没頭し、仕事以外に目標や楽しみを作る

私が自転車レースやサイクリングにはまり始めたのは三八歳になる時でした。ある時、深夜何気なくテレビを見ていたら、野山をマウンテンバイクで駆け巡る映像が目に留まりました。「ああいう自転車で走れたら面白そうだなあ」と思った私は、当時副顧問だったサッカー部の監督の先生に話をすると、自転車店を経営している同級生がいると教えてくれたので、そこでマウンテンバイクを買うことにしました。既製品でしたが当時定価で八万円はする結構良い自転車でした。

早速休日に乗り始めたのですが、そのうち近場を回るだけではもの足りなくなり、同年秋初めて県内のサイクリング大会に申し込みました。当時自転車に無知な私は、何の疑いもなくマウンテンバイクで参加したのですが、参加者の多くはドロップハンドルに細いタイヤ、軽い車体に十数段の変速機（当時）付のスピードが出せるロードレーサーに乗っていたのです。マウンテンバイクでもサイクリングは十分できますが、舗装された公道を長い距離走るのであれば、ロードレーサーのほうが走りやすいに決まっていますよね。

私は自分の欲求が抑えきれず、マウンテンバイク購入から半年もしないうちに、「ロードレーサーが欲しい」と妻に打ち明けました。「この前買ったばかりじゃない！」と当然のごとく怒られましたが、何とか粘って妻を口説き落とし、ロードレーサーを買ってもらいました。競技用の本格的な自転車と比べるとやや重く見劣りはしましたが、オーダーメイドだったので私としては満足のいくものでした。

購入した年の六月、一人で金沢近郊のロードレースに初めて参加しました。このレースは一周一三キロの平坦な周回コースを二周するタイムレースでした。当時自転車競技というものがまったくわかっていなかった私は、スタートと同時に猛ダッシュした先頭集団にあっという間においていかれ、気がついた時には私を含めて一〇名くらいの第三集団が形成されていました。その二番目で走行していたところ、先頭の選手に「おい、先頭交代しろよ」といわれたので、私は先頭に出て一生懸命ペダルをこぎました。数百メートル以上は進んだところで、後ろから「おーい、もう代わっていいよ」と言われ、訳が分かりませんでしたが言う通りに私は後ろに下がりました。その時、私は横にいた選手から、後の自転車競技人生を左右するような言葉をかけてもらったのです。

「あんた、いい脚してるよ。なんでこの集団にいるの？　先頭集団で走れる脚だよ」

状況がわかっていない私は、その時はただうれしいだけでした。

しかし、その後自転車競技が何たるものかわかるようになると、前もってレース向けの練習もしていないで、スタートダッシュで出遅れ、先頭交代のルール（自転車競技はスピードが速く先頭は風の抵抗を強く受け体力を消耗してしまうので、集団の数名以上が一定距離ごとにローテーションで先頭交代するのが暗黙のルール）すら知らない新参者が、中くらいの順位でゴールするのはかなり難しいことだと知りました。私は自転車競技が自分の運動能力に合致しているのではないかと考え、「レースで入賞したい、表彰台に立ちたい！」という思いを強く抱くようになり、毎朝自転車の練習に励むようになったのです。

その後、縁があり地元の自転車クラブチームに入れてもらって、トレーニングの質も高まり、四〇歳の時にはランクの低いクラスではありましたが、全国レベルの大会で二位になることができました。この時、スポーツ紙の全国版に名前が掲載されたことは、私にとって一生の記念となっています。

その翌年からは超教育困難校勤務となり、野球と生徒指導に追われる毎日で、時々サイクリングをする程度でした。一〇年以上も自転車競技から遠ざかっていましたが、久しぶりに全日制高校に戻ったのを機に、もう一度レースに挑戦しようと決意しました。もう五〇代前半になっていましたから、さすがにロードレーサー部門では勝てないと思い、参加人数の少ないクロスバイク又はMTB部門に切り替え、「どんなに小さな大会でもいいので一度優勝する！」という達成可能な目標を立て、主に耐久レースに参加することにしました。

西は岡山県から東は栃木県まで、年間一〇レースほど一人で参戦しました。かなり真剣に距離を踏む練習（多い時は月一〇〇〇キロ以上）を続けたこともあり、大会の半分以上で入賞し、何度か二位にもなりましたが、一位だけはなかなかとることができませんでした。そして忘れもしないレース復活四年目、五五歳の時でした。栃木県のツインリンクもてぎで行われたオープン（ロードレーサー以外）ソロの部で見事優勝することができたのです。このクラスの出場者は二〇名足らずでしたが年齢制限がなく、二、三〇代の若者とも戦った中での勝利であり、自分でも満足のいくものでした。

目標が達成できたことと、年齢も六〇歳となってハードなトレーニングが難しくなったことから、現在は月一度のペースで、順位を競わない全国のサイクリング大会を中心に参加しています。それでも一日一〇〇〜一六〇キロ走行するロングライドが多いので、体力維持のため、毎平日朝と休日には自転車に乗り続けています。

このように私は自転車に出会ったおかげで、仕事以外の目標や楽しみができ、レースでの適度な緊張感と達成感により、精神的なゆとりや逞しさが増したように感じます。皆さんも何か適度に目標をもって打ち込める趣味を持ってみてください。本当に世界が変わりますよ。

③教師のためのイメージトレーニング

超教育困難校や定時制高校に勤務していた時は、生徒の問題行動や外部からの苦情は日常茶飯事で、正直気の休まる時はほとんどありませんでした。保護者や外部の方と学校との間に生じたトラブルがこじれ、なかなか解決の糸口が見つからないことも幾度となく経験しました。特に前著にも書いた「弁護士との対決」の時は、生徒の退学が絡んでいただけに毎日が緊張の連続でした。当然帰宅も遅くなりますし、家に着いてからもこの方法でよいのか、対処に失敗しないかと、あれこれと不安がよぎるのでした。

そんなある時、私は自転車レースに臨む前日の就寝時に行っていたイメージトレーニングを思い出したのです。試走したコースのカーブ、起伏等を思い出し、マークするライバルたちの情報（過去の成績やタイプ）を分析し、自分のレースの筋書きを頭の中でつくっていきます。そして、ある地点で勝負を仕掛け、最後はトップでゴールするシーンを脳裏に焼き付けながら眠りにつくのです。するとたとえ興奮してしまって睡眠時間が少なかった時でも、朝日が覚めた時に疲れはなく、気力あふれるモチベーションの高い自分がそこにいました。もちろんすべてイメージ通りにはいきませんが、前述した全国紙に掲載された時も、このイメージトレーニングをきっちり行っていました。

これを教師としてのトラブル解決に応用してみたのです。

寝る前に今までの相手とのやり取りを簡潔かつ客観的に整理し、現時点での最善の解決策を思い描きます。そして寝床についたら、その策が成功し、自分や事件の関係者が安どの表情を浮かべている姿をイメージして眠るのです。すると私の経験上、ほとんど悪い夢を見ることはありません。何故なら人間は眠りについた時、考えていることに関連した夢を見る傾向があるからです。

この就寝時のイメージトレーニングは、あくまでそれまでの精神的な疲れをとり、仕事でのモチベーションを高めるものであって、見通しもなくただ楽観的に「どうにかなるさ」と思い込むものではありません。翌日目覚めた時のエネルギー、モチベーションは、その日に実践的な対策や作戦会議等に生かされていくのです。

④教師以外の仲間との付き合い

私が当時所属していた自転車のクラブチームには、技師、消防署員、工員、警察官、大学院生、高校生など様々な年齢・職業の人達がいました。もし彼らの中で私が偉そうに教育論をぶったなら、おそらく誰も相手にしてくれなかったでしょう。彼らは「自転車」を共通項に集まった人達ですから、年齢・学歴・地位・職業による優劣などありません。もし優劣があるとすればそれはレースでの成績です。やはり優勝したら一目置かれますし、優勝者の戦法や練習法に周りは耳を傾けるものです。もちろんレース・練習以外では、フランクに酒を飲んだりカラオケをしたりして、楽しく過ごしました。

ＰＴＡ会長さんとの付き合いも私にとっては楽しいものでした。ある定時制高校で教頭をしていた時ですが、たまたま副校長の都合がつかなかったため、私は代理として、ＰＴＡ会長さんと一緒にＰＴＡ東海地区協議会に参加することになりました。会長さんとは初対面だったのでどんな方なのか会うまでは不安がありましたが、行きの列車の中、野球の話題で盛り上がり、すっかり打ち解けることができました。帰りの列車でも話は弾み、地元駅に着いた時にはどちらからともなく「ちょっと飲みに行きますか？」と意気投合し、何軒かハシゴした挙句、帰宅が午前様になってしまいました。さすがの飲み好きな私も、仕事上初めて顔を合わせた方とあんなに遅くまでお付き合いした経験はありませんでした。

よく、職場の同僚として苦楽を共にした期間が長いと、腐れ縁で親交が深まるという話を聞きます。確かに一理ありますし、私の場合も特に教育困難校では教師の結束力が固く、アフターでの付き合いも結構多かったです。しかし、一緒に勤めた年数が長ければ長いほど、一生付き合える友人ができやすいとは限りません。私は、長い間付き合いが続いている方の中に、同じ学校に勤務したことがないか、僅か一、二年の先生が何人もいます。

つまり、生涯の友人や仲間になるかどうかは仕事の関係ではなく、お互いの相性や考え方・

いのです。

生き方そのものの要素が強いのではないでしょうか。先ほどのＰＴＡ会長さんとはもう一〇年もお付き合いさせてもらっていますが、その間私は転勤で何度も学校が変わりましたし、そもそもＰＴＡ会長さんと一緒に仕事をするのは、ＰＴＡ総会や理事会など、年に数回程度しかないのです。

私は本当に運に恵まれた人間で、この会長さん以外にも別の学校で気が合うお二人の会長さんとも知り合うことができ、気楽に飲める付き合いを続けさせてもらっています。この三人の会長さんはそれぞれ異なる職業の方で、何気ない会話の中にも教師（学校）では知りえないような情報を得ることができ、自分の視野も広がりました。

高校や大学時代の友人は皆さんもたくさんいると思いますが、年を取ってくると遠距離の友人とは交流も途絶えがちになりませんか？　そんな時同級生や後輩の中に、一人でも世話好きなうってつけの幹事役がいるとありがたいですね。私の場合、高校時代の同級生仲間六人の幹事役は私自身であり、年間一、二回開いています。大学関係は主に準硬式野球部仲間との付き合いが続いていますが、学年が一つ下の東京の後輩が、いつもメールで連絡を取りながらセッティングをしてくれるので大変感謝しています。

学生時代の仲間の良い点は、もともと損得関係がない繋がりであることです。相手が仕事や出世に関係なければ、気兼ねなく本音で語り合うことができますよね。もしあなたの周りに同じ職場でも同じ職業でもない友人がいたら、特に大事にしてください。

他にも、飲み好きな私はたまたま飲んでいた飲食店で知り合い、仲良くなった方が何人かいます。これなどまさしく人間の本能・直感の結びつきですよね。

⑤疲れた時は目一杯頑張らず息抜きや充電をする

今の先生方は本当に忙しく、月一〇〇時間以上の残業も何ら珍しいことではありません。「休め！」と言われても、児童生徒や上司・同僚の顔が浮かびなかなか休めませんよね。

私も昔は年休を取ることに罪悪感のようなものがあったのですが、実際に部活動などで忙しかったことも重なり、有給休暇は夏休みや冬休みに、年間で二～三日取ったかどうかだったと思います。

しかし、約九年前父親が病気で入院した時、私の考え方は変わりました。それは意識して変えたというより、選択の余地がなかったからではありますが……。父の入院当時、母は足が悪く自力で病院に行くことができませんでしたし、兄は障害者のため自分のことすらできない状況でしたから、結局私が動ける時間を見つけて年休を取り、母を車に乗せて病院へ連れていくしか他に方法がなかったのです。この年私は定時制勤務だったため、病院の面会時間がほとんど勤務時間と重なってしまい、年休を取りまくるしかなく、年末には年次有給休暇（二〇日間）をすべて使いきってしまいました。このため、勤務校の先生方にはかなり迷惑をかけたのですが、私がいなくても、結果的に学校はほとんど問題なく機能していたのです。

先生方は「自分が休んだら学年やクラスの仕事が滞ってしまうかもしれない」と心配しますが、教師は職業人全体の中でも平均レベル以上の能力は持っていますので、その分を管理職や周りの先生方が補ってくれていることが多いのです。もちろんしょっちゅう休んでばかりいたり、相手に助けられたりする一方では職場内で不満や軋轢が生じるでしょうが、日頃から真面目に職務をこなし、職員から信頼を得ている先生であれば、周りが助けてくれるものなのです。

このことがあってから、私は家庭問題で困った時や、精神的あるいは肉体的に疲労がたまった時には、遠慮なく年休をとりリフレッシュするようにしました。

「そんなこと言っても、まったく休める時間なんてないよ！」

と言われる頑張り屋の先生方、疲労の限界に達しバーンアウトしてしまう前に、どうかほんの少しだけずるくなり、人に任せて息抜きをしてみてください。新たなエネルギーが湧いてくるはずです。私は頑張りすぎる後輩にはいつも、「数%の余裕、遊びを！」と言ってきました。年に数回だけでも意識してやってみませんか？

⑥自分が苦手でどうしてもできないことは諦め、それができる人に頼む

私は管理職だった時、教務的な仕事や事務処理が苦手で、その分野では学校運営にほとんど貢献できなかったと思います。特に最後の勤務校では、県教委によるパソコンの集中管理がすんだ時期で、新しい組織づくりや提案、調査・報告が次から次へと要求され、私はその手順

を理解するだけでも大変でした。また、学校ごとに管理職の役割分担も異なっており、この勤務校では、過去一度も経験したことがない仕事が幾つかありました。まったくの言い訳になりますが、定年が間近の次のない人間が、今までまったく知らなかったことを一から覚えようとするには、気力もそれに費やす時間も明らかに不足していました。

さらに追い打ちをかけるようにその年は家庭問題が重なり、母の入院→死亡やそれに伴う兄の転居など、てんてこ舞いの状態であり、さすがに私もしばらく落ち込んでしまい、なかなか仕事上の気力も湧いてきませんでした。

この状況で自分のプライドに固執し、弱みを見せまいとして仕事を抱え込めば、ミスや提出遅れ等で学校や県に大きな迷惑をかけることになります。そこで、管理職としては誠にお恥ずかしい話ですが、私は校務に支障を生じさせないことを優先的に考え、苦手な未経験の仕事を助けてもらうしかないと、恥を忍んで上司に包み隠さず打ち明けました。おかげで気が楽になり、その後は上司に迷惑をかけたことや助けてもらったことを忘れず、自分の得意分野の職務（生徒指導等）で頑張るしかないと意識して仕事をしました。

もちろん与えられた職務をすべて期待通りにこなせるに越したことはありませんが、それが叶わないとしても、自分なりの貢献の仕方は何か、切り替えて考えることが大事だと思います。

⑦テレビや新聞に向かい独り言を呟いたり、時々妻に愚痴を聞いてもらう

私は地歴公民科の教師ということもあり、毎日のようにテレビ報道や新聞記事・ネット記事を見ています。特に教育問題については、マスコミ関係者に言いたいことは山ほどあります。しかし、ただ文句を言ったところで世の中が変わるわけはありません。年配の方々は酒の席などで、政治・社会問題をよく話題にしたりしますが、議論が白熱しボルテージが上がってしまうと、喧嘩になったり周りに迷惑をかけたりして、後味が悪くなる経験をされたことはありませんか？　これでは逆にストレスが溜まってしまうかもしれません。

私は自宅でテレビや新聞を見ている時、内容や表現がおかしいと思うことがあれば、テレビや新聞に向かって声を出して疑問点や批判を呟くようにしています。何も問題が解決するわけではありませんが、溜まっていたものを外に吐き出すことで、自己満足的なストレスの発散にはなります。しかも他人には迷惑をかけませんから後で尾を引くこともありません。

あっ、一つ忘れていました。妻にだけは迷惑をかけていました。時々自分の見解について、評論家気取りで同意を求めるように妻に聞いてもらっていますから。こちらのほうはご家族同意の上で実行してください。配偶者の方のストレスが溜まったり、夫婦喧嘩の種になったりしては元も子もありませんので。

⑧職場内で信頼できる上司や同僚を最低一人は見つけ、本音で相談する

これまで述べているように、私は今まで周りの上司や同僚に恵まれてきたので、信頼できる人間を見つける点についてはほとんど苦労したことがありません。私は超教育困難校で生徒指導主事をしていた時も、本当に信頼できる管理職に恵まれ助けられました。それでも長い教師生活の中で相性の悪い人が近くにいて、学校でも親族関係でも何をやってもうまくいかず、厄年のようにまとめて不幸・不運がやってきた年が二度ほどありましたが、それも年度が替われば事態は好転し、尾を引くことはありませんでした。

もし職場で孤立して困っている方がいたら、今一度周りをよく見てください。誰か一人だけでもいませんか？　できれば上司がよいのですが、職務以外での雑談やアフターの付き合いもぜひ生かしてみてください。もしそれでも誰もいなければ公立校の場合は転勤願を出し、リセットしてやり直したほうが良いかもしれません。私立の場合は民間会社と同じですので軽はずみなことは言えませんが、学校の経営方針に自分の信念が歩み寄れる余地がまったくないのなら、やはり環境を変えたほうがよいと思います。

⑨自分はいつも周りの人間に恵まれていると思っていると、周りの人達が助けてくれる

何かうまくいかないことがあると人や組織のせいにしたり、必死に頑張ったのに失敗すると、その結果を受け入れられなかったりする人がいますが、ちょっと発想を変えてみませんか？

運が向く一つのおまじないとして、「自分はいつも周りの人間に恵まれている」と思ってみてください。私は実際そう思って仕事をしてきましたが、事実上司や同僚・後輩に恵まれた素晴らしい教師人生となりました。特に超教育困難校では、管理職や生徒課・学年スタッフなど多くの先生方に助けられ、何度も危機を乗り越えることができたのです。「良い人の周りには良い人が集まってくる」という話をよく聞きますが、意図的に仲間を作ろうと画策しなくても、日頃から自分が思いやりのある誠実な生き方をしていれば、人は自然に引き寄せられるものだと思います。

⑩最悪の事態を想定し綿密に準備すれば、最悪に至らず解決する

これは私が考えたわけではなく、全国的に有名な危機管理専門家の方々が既に述べていることですが、私も実践してみてその通りだと思っています。これまで経験した学校危機では、何度も最悪の事態を想定して対策を立ててきました。準備にはかなりの時間を費やすため、「ほとんど起こらないことのために準備するのは時間の無駄ではないのか？」という方もいますが、決して無駄ではありません。わかりやすく言えば、任意自動車保険のようなものなのです。この保険料は結構高くて毎年五～一〇万円程度払っている人が多く、その九割がたの人が毎年のように保険料を全額掛捨てますよね。でももったいないからといって、保険を掛けること自体やめる人はまずいないでしょう。

危機管理も同じことです。あらかじめ準備した対策は実際ほとんど使うことがありませんが、万が一問題がこじれた場合は、学校崩壊の危機から生徒・保護者や教師を守り、場合によっては相手の警察・裁判所への訴えなどにも対処できる切り札になるかもしれません。これは人身事故を起こした時、保険で何億円規模の賠償を補填することと同じくらいの大きな価値がありますから、「備えあれば患いなし」の言葉通り、準備しておくことで不安感やストレスをかなり減らすことができるはずです。

2　綱渡り教師人生

過ぎた後から、「もしも……」と考えることはいくらでもできるわけですが、私の場合、「あの時違う判断（選択）をしていたら」「その時その場にいなかったら」「その人に出会わなかったら」、全く違う人生になっていただろうという場面が何度もありました。これまで私は教師生活を充実したものと述べてきましたが、実際はかなり綱渡りの人生だったかもしれません。今現場で日々格闘している先生方に何かの役に立てばと思い、私の綱渡り場面をご紹介します。

教師に採用されるまでのハプニング

昭和五三年度宮城県高等学校教員採用試験で、私は一次試験（学科試験）を何とかクリアし、九月中旬の二次試験（面接試験）に臨むことになりました。当日朝大学の友人と共に、会場に張られた面接スケジュールを見に行くと、友人はその日、私は翌日でした。すると友人は、

「今日で終わりだ！　和田、今日飲みに行こう」

と言うのです。私は唖然として、

「何バカなこと言っている。俺は明日だからとても飲む気にならないし、酒の匂いが残っていたらそれだけで不合格だ！」

と断ったのですが、友人のしつこい誘いに負け、意思の弱い私は「少しだけなら」と街中へ飲みに出かけました。

しかし、人生何があるかわかりません。一、二時間で帰ろうと思って飲んでいた最初の店で、我々の横のカウンター席に女子学生らしき二人が座りました。しばらくして彼女達の会話から、福島県のある小さな町の名前が聞こえたまさにその時でした。思わず友人が「えっ、○○だって！」と、大きな声を出してしまったのですが、何とそこは彼の生まれ故郷だったのです。彼女達もそれに反応して「ええっ、○○の出身なんですか？」と盛り上がり、ふるさと談義に入ってしまいました。静岡県出身の私は全くついていけず、予定通り店を出る時に帰るつもりでした。しかし悪いことは重なるもので、実は二人とも大変な酒豪だったのです。店を出る時に彼女達から悪魔のささやきが……。

「もう一軒飲みに行きましょう！」

私だけなら適当に理由をつけて断れたのですが、友人がまだ行きたそうで関係を気まずくさせてもいけないと思い、つい二次会に行ってしまいました。結局この日は酒豪女たちに連れまわされ、友人のアパートに戻ったのは午前三時頃で、睡眠四時間程度で起床し、面接の支度をしたのです。さすがに後半は飲み過ぎないように注意しましたが、酒の臭いがしないか気になり、私はガムをかんだり牛乳を飲んだりとあがいていました。

結局面接は何とか無事終了し、私は採用の通知をいただいたのですが、実はまた似たような事態になってしまいます。大学の卒業式は三月下旬でしたが、卒業証書を受け取ったその日の晩、大学の教授が自宅に私達を招待してくれて楽しく飲食をしました。その後友人宅で麻雀となり、卒業の開放感の中朝の五時まで続けていましたが、その時ふと私は今日何かあったような気がして頭を巡らせました。しばらくしてやっと、採用してくださる高校の校長先生との面接の日だと気づいたのです。

さあ大変！　眠っている間などなく、すぐ支度をしなくてはなりません。スーツ姿で卒業式に参加していたので服装は問題ありませんが、ひげが伸びていたので友人に電気カミソリを借りようとしました。しかし、彼は持っていなかったため、仕方なく手動のカミソリを借りました。ところが私は使い方がよくわかっておらず、焦っていたこともあって、あごの部分の皮膚をざっくり切ってしまいました。慌ててティッシュを当てましたが、血はすぐに止まりません。仕方がないのであごに絆創膏を貼って面接に向かったのです。

結果的になんとか事なきを得たものの、徹夜明けの顔に黒縁メガネで絆創膏を貼った顔はひどく暗い印象だったようで、赴任してから先生方に散々からかわれました。

でも、あの時面接自体を忘れて大遅刻でもしようものなら、私の人生は全く別のものになっていたわけで、思い出すとぞっとします。こうして運よく採用されたおかげで、私は初任校の素晴らしく優秀な先生方に五年間鍛えられ、教師としての基礎を築くことができたのです。

静岡県高等学校教員採用試験の受験

宮城県で高校教師として社会人のスタートを切ったものの、私は郷里の家族のことがどうしても気になっていました。兄が高校一年の時にひどいいじめを受け学校に行けなくなり、退学後は統合失調症のため治療を受けていたのですが、一向に良くならず、将来は自分が郷里に戻り家族の面倒を見るべき立場にあったからです。

初任校三年目に念願のクラス担任になり、そのまま持ち上がって五年目は三年生の担任を任されました。私は地元に戻るなら卒業生を出す今しかないと考え、管理職に打ち明け、その年の夏、静岡県の高校教員採用試験を受験することに決めました。しかし、その年度私は担任の他に野球部長の職務もあったのです。当時静岡県の教員採用試験日は七月下旬で、正に全国高校野球選手権宮城県大会の真っ最中でした。二回戦がちょうど試験日と重なったため、私は高野連に二日間の野球部長交代の届けを提出し、一回戦に勝利した日の夜、夜行列車に乗って郷里に向かいました。朝自宅に着き丸一日勉強し、翌日静岡県の教員採用試験を受け、終了後野球部の二回戦勝利を確認した上で、そのまま電車に乗って夜には宮城県の自宅へ戻りました。そして次の日には、三回戦に無事野球部長としてベンチ入りできたのです。

当時を思い起こすとかなりの強行軍であり、野球部にかなり迷惑をかけたわけですが、もし、静岡県の採用試験が不合格だったら翌年どうするかなど、失敗した時のことはあまり考えていませんでした。「一回で合格するしかない！」、とにかくそれだけを必死に願っていました。

静岡県の高校社会の倍率は極めて高く、当時の合格者数から考えると三〇～四〇倍ほどあったようです。私はここでも運があったようで、授業で教えていた分野が幾つか出題され、かなりの分量を答案用紙に書くことができました。そして一次試験、二次試験と突破し、何とか静岡県の高校社会科教員になることができたのですが、この時ばかりは本当にホッとしたことをよく覚えています。

静岡県最初の赴任校での思い出

静岡県で初めて赴任した高校で、私はいきなり二年の担任になりました。クラスには番長格の生徒や家庭環境に問題のある生徒、勉強ができず仮進級した生徒など、個性あふれるメンバーがいっぱいで最初はびっくりしました。実際その年度には、クラス内で様々な問題行動が続出してしまい、小さいことも含めれば一〇件以上あったと思います。当時はアパートで独身生活をしていたのですが、夜電話がかかってくると、さすがに切り替えの早い私でも悪いことしか考えなかった時期がありました。それでもクラスからは何とか退学者を出さずに一年を終えることができ、ホッとしました。

その後結婚したこともあり、地元に帰るため勤務校を四年で去ることになりました。最初のクラスの教え子達は既に卒業していましたが、何と当時迷惑をかけてくれた（？）中心メンバーの男女が、発起人として送別会を企画してくれたのです。この時は立派に成長した彼らを見て本当に感激しました。それから二十数年間、現在に至るまで、彼らとの関係は今も続いています。

物理的に最も忙しかった実業高校時代

結婚して家庭も安定し、私は精神的なゆとりができたようです。地元の伝統ある実業校に勤務し、担任、生徒会、部活動、委員会等多くの職務をこなすこととなり、この四年間が物理的には最も忙しかったのですが、一教師（担任・顧問）としては最も充実していたと思います。

硬式野球部が甲子園に何度か出場した時、私は軟式野球部の顧問でしたが、生徒会執行部の担当でもありました。中でも昭和六三年の夏は、軟式野球部が全国大会の出場を目指して東海大会で戦っている（軟式野球全国大会出場権は東海四県で一校のみ）真っただ中で、生徒会執行部は甲子園の応援計画を立てなければなりませんでした。一回戦に勝った後、私は直ちに八

○キロ離れた学校に戻り、執行部の生徒達と応援計画（バスの配車や甲子園スタンドでの配置等）を立て、また宿舎にとんぼ返りするというハードスケジュールをこなしました。当時は若く体力があったこともありますが、仕事にやりがいを感じていましたので、土日や長期休業中にほとんど休めない生活も苦にはなりませんでした。

ただ、日曜日に校外のグラウンドで練習中、一年生部員がけがをした時は、一歩間違えれば大変な事態になった可能性があり、まさに冷や汗ものでした。

フリーバッティングの練習中だったのですが、外野ファウルグラウンドに転がったボールを拾いに来た一年生部員の眼に、上級生の打ったボールが運悪く命中してしまったのです。意識もはっきりして外傷もたいしたことはなさそうだったので、しばらく当たった箇所を冷やさせながら日陰で休ませていました。

フリーバッティング終了後、生徒の様子を見に行ったのですが、「具合はどうだ？」と聞いたところ、「目の前（視界）が白く濁っていて、すごく見にくいです」と言われ、私はびっくりしました。

すぐ医者に連れていく必要がありましたが、その時は一人で部活の面倒を見ていたので、直ちに練習を中止し他の部員を帰宅させました。その後、私は休日の当直医院を調べ、車で生徒を連れていきましたが、診察した医者の言葉に私は耳を疑いました。

「網膜剥離のおそれがあり、うちではとても治療できない」

医者が総合病院を紹介してくれたので、母親に電話で状況を説明した後、直ちに病院へ連れて行き、駆けつけた母親と治療を見守ることになりました。待っている時間がひじょうに長く感じられ、重苦しい空気に包まれましたが、幸い網膜剥離には至らず何とか失明の危機は免れました。

振り返ってみて、あの時もし楽観して練習を続けていたら、そして病院に連れて行かなかったら、さらに運悪く生徒が失明したなら、私の監督責任に留まらず、学校や県が賠償責任を負わされる裁判訴訟に発展していたかもしれません。本当に運がよかったと思います。

長く運動部や音楽部などの顧問をされている先生方は、似たような経験を一度はお持ちではありませんか？　この事故当時は、細かな危機管理マニュアルなどありませんでしたし、仮にあったとしても、実際はマニュアル通りにできるわけでもありません。もちろん緊急時対応の基礎知識は多少身に付けていましたが、私の当時の対応は、生徒の様子を観察しての直観的な判断でした。非科学的かもしれませんが、「日頃から誠実な生き方を実践していれば、運を持ってこられるはずだ」という座右の銘を、まさに実感するような出来事でした。

進学校勤務時代の人生の分かれ道

次に県内有数の進学校に勤務しましたが、ここでは担任として、また進路課職員として進路指導に打ち込みました。クラスや部活動（サッカー部）で素晴らしい生徒達に恵まれ、生徒指導で苦労することはほとんどなかったのですが、正直教師間の人間関係にはかなり気を使いました。勤務当時、優秀な先生方が多かったのですが、個性の強い方、上昇志向の強い方が結構いて、派閥的な対立も時々目の当たりにしました。私は何か違和感を覚え、そこから教師の現実の世界に疑問を抱くようになり、辞めて転職することも考え、ある免許資格を取るため専門学校へ通ったこともありました。

ところが四〇歳を前にして転機が訪れました。世の中はバブル経済崩壊で土地価格が急激に下がっており、ひょんなことから我が家を建てる計画が持ち上がったのです。しかし、私は土地すら所有していませんでしたので、持ち金では全く足りず、住宅金融公庫と県の共済の両方から資金を借入するしか手はありませんでした。どうしようか迷いましたが、私は家を建てるなら子供が学校に通う時期でなくては意味がないと思っていましたので、妻と相談し、思い切って決断したわけです。そうなると金融公庫は二五年、共済は三〇年のローンですので、返済を確実にするために安定した収入は欠かせません。こうしてマイホームが私に教師を定年まで続ける覚悟を固めさせてくれたのです。

皆さんも教師を辞めたいと思ったことはありませんか？　その理由は様々でしょうが、誰しも長い教師生活の中で一度や二度はあるのが当たり前です。そして、本当に悩んだ経験のある人ほど、障害を乗り越える力も強くなります。この後、生徒指導の最前線でバリバリ働いた私ですが、教師を辞めようと思ったこともあったのです。

超教育困難校で生徒指導に明け暮れる日々

次の超教育困難校では主に学年主任や生徒指導責任者（生徒指導主事）として、職務の大半を生徒指導に割いてきました。とにかく年間問題行動件数が百数十件に達するような学校でしたので、ありとあらゆる事件・事故を体験しました。直接生徒が起こした事件だけでなく、保護者、近隣住民、一般市民、議員、地元有力者などからの苦情や訴えに、次から次へと対応しなければならず、気の休まる時はありませんでした。

これらの事件は私の前作『実録・高校生事件ファイル』に詳しく記載していますが、中でも教育委員会絡みの体罰疑惑問題で保護者と対峙した二つのケース、生徒の大きな問題行動で退学をめぐり保護者と争ったケース、生徒の傷害事件が新聞報道されたケースは、一歩間違えれば学校の責任問題、あるいは訴訟問題になった可能性もあり、鮮明に覚えています。

確かに生徒指導に追われる毎日ではありましたが、この勤務校では強固な生徒指導体制が築かれ、教師の役割分担や協力もスムーズでした。そんな恵まれた状況で、私は管理職や同僚・部下から事あるごとにサポートしてもらったため、職務をまっとうすることができたのだと思います。

定時制教頭時代

教頭になってから定時制勤務が六年間続きましたが、やはり生徒指導が中心でした。

最初の学校では病的症状や障害を持つ生徒が多く、本人の責任とは言い切れない面はあるのですが、保健室で暴れた挙句リストカットをしまくった女子生徒や、校内でけんかの仲裁に入った教師の首を絞めた男子生徒のように、一歩間違えたら凶悪犯罪として新聞記事になったような際どい事件もあり、対応には大変苦慮しました。また、女子生徒への校内暴力（と思われた）事件では、男子三人組のうち一旦自白した一人が途中で証言を翻したこともあって、学校側と保護者達との全面対決となり、自白させた私は保護者から名指しで県教育委員会に訴えられ、直接辞職要求もされました。結局学校が調査・指導を断念し、私が保護者に謝罪することで終結となりましたが、女子生徒を助けられなかったことは悔しい思い出です。

他の高校でも厄介な事件がありました。入学試験当日に受験生同士が喧嘩をして、片方がけがをしたため救急車を呼ぶ騒ぎになりましたが、幸いにもマスコミ報道されることはなく、入試中断等には至らずに済みました。その他、中学校時代に少年院入所経験のある少女が入学後にひと騒ぎ起こした事件、校内暴力事件に絡んだモンスターペアレンツ同士の壮絶な戦いに学校が振り回された事件、どっちがいじめかわからないような事件など、話題には事欠かない状況でしたので、精神的にもかなり鍛えられました。

また、ある年はまるで厄年のように、校務だけでなくプライベートなことでも悪いことが続きました。その年度の出来事です。

考え方の異なる管理職（能力は抜群の方）とお酒を飲んでいた時のことですが、それまで我慢し続けていたことと、一次会の接待で酒を飲み過ぎたことが重なり、二次会で相手に絡んでしまったようなのです。いつもはいくら飲んでも記憶がはっきりしているのですが、この日ばかりは二次会の途中から記憶が飛んでしまい、何があったのかほとんど覚えていませんでした。ところが、翌日の朝気がついた時、何と左顔面に治療の跡が……。妻に聞いたらあきれ顔で一部始終を説明してくれました。私が帰ってきたので玄関を開けたら、左瞼の上から血がぽたぽた落ちていて、まるでホラー映画を見ているようだったそうです。慌てて夜間救急に連れていき、応急措置の後、当直病院へ回り手術して何針か縫ってもらったというのです。推測ですが、帰宅途中酩酊状態のためこけてしまい、縁石ブロックあたりに顔面をぶつけたのではないかと思います。

それこそ打ち所が悪ければ、あるいは転び方が悪くて車にでもひかれていたら、この世とおさらばだったかもしれません。私は妻の話を聞いてぞっとしたものです。ケガをしても命があったのですから、この時も私は運があったといえるかもしれません。神様に感謝です。

弁護士との対決

また別の学校では、校内のいじめ暴力事件に関する自主退学問題で、納得しない加害生徒側の弁護士と対決しました。負けたら学校の指導が根底から揺らぎ、被害者を救えないどころか、学校や県が被告となる訴訟に発展するかもしれない状況でしたから、私は職を賭す覚悟で戦いました。
　二か月もの激しいせめぎ合いの末、何とか学校側が勝利することができたのですが、私なりに分析したその勝因は次の通りです。
・この自主退学勧告が、よく言われる社会通念上常識の範囲内であり、言い換えれば加害生徒のいじめ・暴力が許容範囲を超えたレベルであった。
・事実関係についてあやふやな点がなく、学校側の信憑性が高かった。
・教師団が情報交換を密にし、言動のずれなく一丸となって対応した。
・弁護士の動きや戦法を予測し、冷静かつ毅然とした態度で話し合いに臨んだ。
　何とか弁護士との戦いには勝ったのですが、喜ぶよりホッとしたというのが本音で、何か胸に引っかかるものすら感じました。教師はどんなに悪行を働いた生徒でも更生させたい気持ちが強いものですが、弁護士介入ともなればどうしても勝ち負けにこだわらざるを得ず、直接生徒の心に訴えかけるような指導ができなくなります。子供を大人の駆け引きの犠牲にしないように、教師と保護者が面と向かって話し合える関係を作っていきたいものです。

事故とテレビ報道

　ある全日制の高校で休日の部活動中、女子部員の頭に矢が当たりケガをするという事故が起きました。偶発的な事故で生命の危険もなかったのですが、当たった箇所が危険という判断からか、翌日の午前中に警察が共同記者会見を開き、事故の情報提供をしたため、一時間もしないうちに新聞社やテレビ局数社が一斉に学校へ取材にやってきました。

私は二つの局からテレビカメラを向けられましたが、数々の修羅場を潜り抜けてきた私も、さすがに何十万人の県民が映像を注視すると思うと、言葉を一つひとつ選びながら、慎重にインタビューに応じたことをよく覚えています。インタビューを受けた経験のない方は実感できないかもしれませんが、たとえ事実であっても、返答がテレビ局の筋書きと違ったり、県民が反発したりするような内容なら、マイクに向かってなかなかしゃべれません。なぜなら、映像の編集はテレビ局が恣意的にできるわけですから、彼らの台本と異なる部分はカットされたり、逆に県民が批判を高めるようなフレーズは、全体の発言の中の主旨でなくても、そこだけ強調して放映されたりする可能性があるからです。

ただこの時ありがたかったのは、一番丁寧に取材をしてくれた地元民放テレビ局の方が、めったに起こりえない偶発的な事故であることをきちんと理解したうえで、公正かつ客観的にテレビ放映してくれたことです。おかげでその後の保護者会でも、まったく紛糾することはありませんでしたし、外部からの苦情も一切ありませんでした。普段はマスコミに批判的な私も、この時は本当にありがたかったのです。

他にも部外者が休日に校内へ侵入し、個人情報を盗み出す事件がありました。解決にあちこち奔走し、何とかギリギリで情報を取り戻せたからよかったのですが、もしだめなら、それこそテレビカメラを構えられた場で記者会見を開き、情報漏えいについて教育委員会共々謝罪することになったかもしれません。

出世の放棄

時代の変化もあり、約一〇年前、静岡県でも教員の希望降格制度ができましたが、現在ではどこの都道府県でも同じような制度があるのではないかと思います。前項で「厄年のように悪いことが続いた年があった」と書きましたが、その年度末、私は管理職（教頭）から教諭への降格を希望しました。決断をした理由は以下の通りです。

①当時父親がガンのため入院し、そう先は長くないことがわかり、親族の状況を考えれば単身赴任（管理職は可能性有）ができない。

②人に指示するより自分で実行するタイプで、元々先生方を管理するような仕事は性に合っていなかった。

③直接生徒と関わるような授業、クラス運営、部活指導、生徒指導が自分の能力・適性を生かせる場と認識していた。

この年の私は確かに精神的に参っていましたから、前向きとは言い難い決断かもしれません。しかし、単身赴任ができない条件で管理職を続ければ、その分他の先生方にしわ寄せがいくのは避けられないでしょう。また、妻が私の考えを尊重してくれたことも追い風となりました。

降格の希望に対し、最初校長は慰留しましたが、私の決意が固いとみて県教育委員会に掛け合ってくれました。しかし、当時静岡県は降格制度ができて間もないためか、本人が管理職業務を続けられないほどの心身の病気でない限り降格理由とはならず、結局私は翌年以降も教頭として勤めることになりました。ただ、県教委に降格の意思表示をするという人生の大きな決断をしたわけですから、多少家庭状況が好転したとしても昇格の意思がないことを、ほぼ毎年のように異動希望調査で表明しました。

今振り返ってみて、降格希望を表明して認められなかった時は不満でしたが、その後結果的に教頭を続けさせてもらったことには感謝しています。なぜなら教頭は管理業務がある分、授業時間数が少なく、校務分掌や部活顧問もないため、割と時間の融通が利き、年休を取りやすかったからです。そのため、勤務校では管理職をはじめとする先生方にかなり迷惑をかけたと思いますが、個人的には母の看護・介護や兄を世話する時間を何とか確保することができ、県教委にも感謝しています。

両親の死と兄の世話

これまでも家庭の事情について少し書いてきましたが、年配の方なら私のように、両親を既に亡くされた方もたくさんいると思います。また障害者を家族に持つ方も一定割合いるでしょう。ですから「私はこんなにも大変な境遇だったのだ」などと同情を誘うつもりはありません。

それより私の取り組みを、一つの参考例としてくれればよいと思っています。

兄は高校一年の時、数か月間にわたりひどいいじめを受け続けました。生真面目で大人しかったので、男子二人組に毎日たたかれたり物を取られたりしていたことを、学校の先生にも両親にも一切話しませんでした。長い間我慢しすぎたのでしょう。二学期の国語の授業中、漢字の書き取りで同じ字を何十回と繰り返して書いていたため、先生が異変に気づきました。しかしこの時既に精神に支障をきたしており手遅れでした。学校に行けなくなり、休学して翌年再度一年生にチャレンジしましたが、脳のダメージは回復せず、結局登校できないまま退学しました。今の時代でしたら、新聞報道され裁判沙汰になるようなケースかもしれません。

その後、両親は何とか社会復帰をさせようと、治療の傍ら会社勤めをさせましたが、病状がひどく長続きしませんでした。その頃から兄の家庭内暴力がひどくなったのですが、ほとんど母がターゲットになりました。私もまだ子供だったので、たまに兄と喧嘩をしてしまい、物を壊されることもありましたが、それは病気のせいでありどうしようもありませんでした。大人になってからわかったことですが、兄が家庭内であれほど暴れたのは、それまでずっといじめられ続けた抑圧の反動だということです。

我が家はそんな状況ではありましたが、両親の支援もあり、私は大学進学を目指しました。一年浪人後、大学に合格した私は家族と別居することになったのですが、実はその時の親の言葉が後に尾を引くことになるのです。

「兄のことは私らが面倒見るから心配するな。お前は自分のやりたいことをやれ」

当時は深く考えていなかったのですが、頭のどこかでは、「自分が実質的な長男であり、将来は親や兄の面倒を見る必要があるのではないか」という疑問がずっと残っていました。静岡に戻りその後結婚する時も、両親は「お前やお嫁さんには兄のことで迷惑をかけないよ」と言ってくれたので、私は妻に絶対迷惑をかけないことを誓い結婚したのです。

その後兄の暴力性はかなり収まったものの、相変わらず働けないままで自立の見通しすら立たず、年月だけが経過しました。私はその間、月一回程度実家に顔を出しては、兄と当り障りのない雑談をしていました。

転機が訪れたのは約九年前、父が入院した時です。

「父や母が亡くなった後、いったい誰が兄の面倒を見るのか？」と自問した時、その答えは私しかありえないのです。若い時に両親から「兄の面倒をみる」といわれた言葉に甘え、この年まで現実から逃避してきたことを後悔しました。普通に考えれば年を取った親から先に亡くなるわけですから、両親が高齢者となった時の兄の世話について、具体的な道筋を立てていなければ私も一緒に考え、時間をかけて準備しておかなければならなかったのです。

危機感を持った私は直ちに行動を開始し、市の社会保障制度を利用できるようにあちこち動き回りました。参考になるかもしれないので、その手続きの流れを紹介しておきます。
①兄の精神障害者年金の必要書類集めと申請→承認、給付開始

父が亡くなってからは、
②母の介護認定とその後の訪問介護の申請→審査→承認、介護開始
③兄の精神障害者手帳の申請→承認、発給
④兄の精神障害者自立支援医療費給付の申請→承認、給付
⑤実家を売却し、我が家近隣のアパートへ母と兄を転居させる
　母が一時期入院してからは、
⑥兄の訪問介護の申請→審査→承認、介護開始（週五回）
　そして母が亡くなった後は、
⑦兄の転居（本人が施設入所を拒絶→単身者用アパートへ）
⑧兄の訪問看護の申請→承認、看護開始（概ね週一回）
⑨兄の毎月の生活費（部屋代・光熱費・食事代等）出納や各種手続き開始
　こうして現在に至っていますが、兄と同居はしていません。仮に同居するとなれば私には妻子がいますが、妻と離婚するか最低別居しなくては妻を巻き込んでしまいます。重度の精神障害者を世話されている方にはわかってもらえると思いますが、もし同居したら、四六時中兄の言動に縛られ、自分の行動がどんどん制約されていくでしょう。それだけでなく、私の場合は約四〇年も兄と別居していたため、兄が今までどういう言動であったか詳細を把握しておらず、日頃の接し方や対処の仕方すらよくわかっていなかったのです。この状況で同居すれば、その

うち私自身が働くこともできなくなり、共倒れになってしまうでしょう。

実は母の葬儀前日、兄の支度が大変と思い、私と妻も一緒に葬儀会館の同室で寝たのですが、兄の夜の奇異な行動のため、二人ともほとんど眠れませんでした。この体験は、割切って社会保障制度に助けてもらいながら、距離を置いて面倒見ていかないと長続きしないことを、私に教えてくれたのです。また、妻にも結婚当時はまったく予期していなかった兄の世話の一部をしてもらっているわけで、これ以上の負担はかけられないこともあります。

現在兄はアパート生活のため、障害者年金だけでは毎月の生活費は多少赤字になりますが、母の遺産である程度の期間は乗り切れる見通しを立てています。

こうして私は母や兄の世話を通して、現代はいかに社会保障制度でサポートしてもらえる時代になったのかよくわかりました。ただ、世の中にはまだまだ、受給が少なかったり、生活保護が受けられなかったり、手続きをしてくれる人がいなかったりするなど、困っている方はたくさんいるはずです。

私は、国民・市民の税金で親族が助けてもらっていることに感謝し、社会に恩返ししなければならないと思いました。そこで、自分のこれまでの教育実践の経験を、先生、保護者、学生の皆さんに語り伝える活動をしていこうと決意したのです。

3　教師生活で学んだ十のこと

まさしく山あり谷あり、綱渡りのような教師人生でしたが、そのおかげで得たものもたくさんありました。偉人の名言と比べたらあまり重みはないかもしれませんが、ここで「教師生活で学んだ十のこと」を紹介したいと思います。私自身がこれまでの実体験から強く実感できた真理のようなものですが、一つでも二つでも、皆さんがこれからの生き方を考えるきっかけやヒントになれば幸いです。

その一「やってみなければ何も得られない」

生徒集会で機会があれば生徒達によく話した言葉です。「やればできる」「どうせやっても無駄だ」の二つは、正反対のようで実は共通点があります。それはいずれも「実際にやっていない」ということです。

スポーツの練習がわかりやすいので、例えばスキーのパラレルターンに取り組んだとしましょう。おそらく最初は五〇回、一〇〇回練習してやっと一回満足のいくターンができるかどうかでしょう。つまり失敗の連続です。でもそのたくさんの失敗をしなければ成功は訪れません。

人生そう甘くはありませんから、やってすぐに成果が現れることは稀です。しかし、実際やってみなければいつまでたっても成果は得られません。私の教師人生がそうであったように、多くの失敗を積み重ねてこそ成長があるのです。

その二「人生とは人との偶然な出会いである」

似たような言葉は何人もの方が話されていると思います。日本だけで一億二〇〇〇万人以上もの人が住んでいますが、人は一生のうち一体何人と出会うのでしょうか？　当然個人差がありますが、同じ所属集団内の人は数千人〜一万人程度、実際話したことがある人は数百人程度、仲間と呼べる人はさらに少なくなるでしょう。ツイッターやラインで多く仲間を持っている人でも一〇〇〇人以上はなかなかいないでしょう。つまり、私達が一生の間に巡り合える日本人は概ね一万分の一以下であり、何らかの関係ができる確率は一〇万分の一以下程度ということでしょう。全世界であれば何百万分の一という確率になってしまいます。

こんなに確率が低いのですから、偶然の出会いは何らかの意味を持つと思っていいでしょう。ただその出会いが良いか悪いかは人それぞれです。私の場合は運に恵まれ九割がたは良い人、プラスになる人との出会いです。自分自身どれだけ心がけを良くしているかわかりませんが、一度しかない人生です。幸運を持ってくるようにしたいものですね。

その三「人は自分のためよりも、誰か（何か）のためにこそ強く生きられる」

これは両親の死や兄の介護など、自分と家族に与えられた試練を通して私が実感したことです。

身内の不幸やそれに関わる問題が差し迫った事態となるまで、私は「自分のため」に生きていたような気がします。確かに、最近よく耳にする「自分の個性・特性を生かそう！」「自分のやりたいことをやろう！」「自分らしく生きよう！」などは、いかにも現代的な心地よいフレーズですが、本当に自分の生きがい、やりがいにつながるものでしょうか？　もし自分の個性・特性に気づかなかったら、自分のやりたいことが一生見つからなかったら、自分のために頑張った結果人を傷つけたとしたら、どうなるでしょうか。

情けない話ですが私は五〇歳になった時、やっと「自分のため」の頑張りには、挫折・迷走・空虚が付き物であることに気付きました。皮肉なことですが、自分自身に災難が降りかかったことで、私は妻や母・兄のために、そして家族がお世話になった社会への恩返しのために頑張ろうと決意しました。こうして唯一無二の自分の存在価値を実感し、モチベーションを高め、どんな逆境下でも持ちこたえることができたのです。要は「兄を看取るために、妻や子供を支えるために、まだ死ぬわけにはいかない」ということです。

誰かのため、何かのために生きるとは、決してテレビドラマのような美しくカッコいいものではなく、もっと泥臭く雑草のようにたくましいものだと私は思います。

その四「人間が関わる出来事に一〇〇も〇もない」

教師に関係するいくつかの事例を挙げてみましょう。

ア．担任がクラスの児童生徒に信頼される割合
イ．子供が悪人ではない確率
ウ．学校の経営方針等に保護者が支持・納得する確率
エ．全国の過去一年間の子供（児童生徒）の自殺理由の解明率
オ．市町村教育委員会管内の学校の過去一年間のいじめ発生件数
カ．都道府県の過去一年間の教師の不祥事発生件数
キ．全国の過去一年間の子供による殺人件数
ク．当該校の過去一年間の生徒指導（問題行動）発生件数
ケ．当該校の過去一年間の交通事故及び交通違反件数

先生方はよくお分かりと思いますが、ア〜エはまず一〇〇になりませんし、オ〜ケは〇になりません。

「ア．担任がクラスの児童生徒に信頼される割合」については、「児童生徒に信頼されないのは先生の努力が足りないため」という発言がよく聞かれます。確かに教師が努力するのは当然

ですが、どんなに素晴らしい先生でも、クラスの中にどうしても一人や二人は馬が合わない児童生徒はいるものです。これは理屈ではなく、感覚的な相性みたいなものです。経験のある先生がいると思いますが、指導に従わない子を何とか振り向かせようとすればするほどよけいに反発するようなことはありませんでしたか？　テレビドラマやごく稀にいるスーパーマンのような先生なら一〇〇％もあるでしょうが、私が担任をしたクラス全員の信頼を得たことは、おそらく生涯一度もなかったでしょう。子供に個性があるように先生にも個性がありますから、同じ先生をある子供は信頼するが、別の子供は嫌うということは十分あり得ます。九〇％以上の児童生徒に信頼されているのに、たった一人とのトラブルを取り上げられ、指導のあり方を批判されたら身も蓋もありませんよね。

「イ．子供が悪人ではない確率」について、何か子供に関しての事故やトラブルが起こったりすると、必ずと言っていいほど子供を被害者・善人という前提で報道がなされます。もちろん「社会的弱者」である子供を擁護する姿勢は大事ですが、子供であっても悪人はいます。ただ大人の場合は人格が出来上がってしまうため善人には変わりにくいのですが、子供は善悪を併せ持つ未完成な人間なので悪人でも善人になり得る、というだけのことです。それでも教育困難校を長く経験した私は、ごく一部ではありますが、何度繰り返し指導しても更生できない生徒を見てきました。

マスコミ報道を見ていますと、未成年が犯罪者となった時は、罪は糾弾しながらも、そうなった原因は家庭や学校、社会にあったとする論調が多かったのに、成人になった途端、凶悪犯罪に手を染めようものなら、被害者救済の視点から徹底的に犯人をたたく論調になっているように思います。まさか二十歳になった途端に極悪人になるとでもいうのでしょうか。また、大人の凶悪犯は子供時代、全員悪人ではなかったのでしょうか。この矛盾が生じるのは、「大人は皆子供時代を過ごしてきている」という歴然とした事実に目をつぶっているからであり、その連続性から見ても、子供をすべて善ととらえることには無理があるのです。

「ウ．学校の経営方針等に保護者が支持・納得する確率」について、言うまでもありませんが、モンスターペアレントでなくても、学校の全ての保護者が支持することはまずあり得ません。私が気になるのは、アンケート等で自由に記述された学校への要望や批判に、すべて応えようとしてしまう学校側の姿勢です。

次男が中学校在籍当時、妻が修学旅行に関するアンケートを記入しているのを見て、私は〈要望等ありましたら自由にお書きください〉という欄に何か書くのか尋ねたところ、妻は「学校の考えに賛成だし、特に不満もないから何も書かないよ」と答えたので、私は「そうだよな、当然書かないよな」と槌をうちました。

実はこれは典型例で、日本社会全体がこれと同じ「サイレント・マジョリティ（ものを言わない多数派）」であるのです。アンケートの自由記述欄にわざわざ書いてくる人は、当然不満や反対意見のある人が中心となりますが、割合で言うと全体のごく一部であるケースが多いのです。つまり、大部分の保護者は学校のやり方に賛同しており、そのまま実行してほしいわけです。

ところが学校は全員の要望に忠実に応えようとするあまり、少数の偏った意見に振り回されてしまい、結果として多数の保護者から不信を招くことにもなりかねないのです。少数意見を学校通信等の紙面ですべて取り上げる必要はなく、特に要望に応えられないような時は、当事者である保護者個々に事情をきちんと説明し、理解を求めればよいと思います。

「エ．全国の過去一年間の子供（児童生徒）の自殺理由の解明率」についてですが、マスコミなどは子供が自殺しようものなら、「いじめはなかったのか？」と、まず学校を追及し、必死に自殺の理由を解明しようとします。そして「子供の自殺を二度と繰り返させるな！」と、世間は大騒ぎします。しかし、文科省統計でもわかりますように、いじめが自殺の原因とされるのはわずか二％です。もちろん原因不明もありますのでもう少し割合は高いでしょうが、大人も子供も自殺の要因はきわめて複合的であり、単純に原因を突き止められないことが多いのです。

そして忘れてはならないことは、自殺の本当の理由（原因）は、亡くなった本人しかわからないということです。その本人がこの世にいない以上、いくら詳しく調べても、本人の言葉や記録、行動、周りの目撃などから推察するしかないのです。実際に調査結果を見れば、考えられる原因が三つも四つもあったり、ほとんどわからなかったりするケースが意外と多いのです。

「オ．市町村教育委員会管内の学校の過去一年間のいじめ発生件数」「カ．都道府県の過去一年間の教師の不祥事発生件数」について ですが、「いじめのない学校」「いじめの根絶」「教師不祥事の根絶」などのスローガンを、新聞紙面やテレビのテロップなどでよく目にすると思います。しかし、これらの達成はすべて無理です。いじめの認知・報告があった学校は全国の六割近くにも及ぶわけで、報告されない潜在的ないじめはその何倍もあるといわれています。学校単位でも難しいのに、教育委員会がいくら頑張っても、市町村単位では〇にはならないでしょう。

そもそも「いじめのない社会」は正常なのか、考える必要があります。いじめはある意味人間の本能的な行為です。犯罪行為は別にして、いくら制度で抑えようとしても無意識、偶発的に発生することが多く、それが自然なのです。仮に「いじめのない学校」があるとするなら、徹底的な監視・管理教育がなされているか、いじめの基準を相当甘くしているかのどちらかではないでしょうか。

「教師の不祥事根絶」も同様です。教師の犯罪が全国で年間五百数十件あり、加えて犯罪に至らない不祥事もある状況では都道府県単位でも〇はほとんど不可能です。特に勤務時間外に校外で起こった職務に無関係な内面的欲求による触法行為は、個人的な要素が強く、上からの指導で徹底できるような類のものではないでしょう。

「キ．全国の過去一年間の子供による殺人件数」について、少年少女による殺人事件が起こると、所属校の校長などが謝罪会見を開くことが多くなりましたが、私はひじょうに違和感を覚えます。ここ何年かの全国の少年少女による殺人者数のデータを見る限り（平成二二年度は中高校生合計で二三名）、年間〇にするのは極めて難しい状況です。「いのちの教育」など、学校が道徳・人権教育を徹底すれば殺人者は出ないはずだという、教育の力を過信したいかにも情緒的な政策がとられている最中に、また少年少女の殺人事件が繰り返され、教育界は「いのちの教育」コンプレックスから逃れられなくなってしまうのです。

「ク．当該校の過去一年間の生徒指導（問題行動）発生件数」「ケ．当該校の過去一年間の交通事故及び交通違反件数」は両方とも〇は難しいのですが、特に交通事故・違反の根絶は、校外では学校の指導の行きわたらない箇所が多くとても無理でしょう。

ところで学校評価制度の関係もあり、各校で「交通事故件数年間二〇件以下」「生徒指導件数年間一〇件以下」といった数値目標を無理矢理立てさせられますが、一つの事象としてみた場合、交通事故も問題行動も「あってはならない」ことですから、逆に「九件までは達成目標をクリアしているからあってもよい」とは言えませんよね。これがいじめの場合「いじめ発生件数年間一〇件以下」なんて目標を立てれば、それこそ「ふざけるな、根絶（〇件）に決まっているだろ？」と言われそうです。

特に教育のように、人間が直接活動に関わることで「絶対」はありません。学校現場では、もっと割り切って無理のない目標を立てて、地道に取り組んでいきましょう。

その五「人間は人との関わりや役割で変わることができる」

これは長い間の教師生活を通して、私が自信を持って言えることです。最近でこそ私は「生徒指導のプロ」などと持ち上げていただいたりしますが、三〇歳を過ぎても生徒指導が苦手で、上司に助けてもらうような教師でした。もちろん担任として「騙されてもいい、生徒を最後まで信じよう！」というスタイルを貫いたこともあるのですが、問題行動に対処できるノウハウはほとんど身についていませんでした。それでもその後赴任した実業高校では運動部の正顧問を任されたおかげで部活指導に、進学校では進路課に配属されたおかげで進路指導に、それぞれ自信が持てるようになりました。

しかし何といっても超教育困難校で、学年主任や生徒指導主事を任されたことが私のライフスタイルを大きく変えました。当初は次から次へと起こる問題行動の処理に日々追われ、指導法を熟慮する余裕などありませんでした。しかし、一年二年と経つうちに、私は実践を通して生徒指導の勘やテクニックが研ぎ澄まされ、精神的にも強く鍛えられていきました。独身時代は生徒にも先生にも頼りない存在だった私が、一〇年余り後には、超教育困難校で「鬼の生徒課長」と呼ばれるまでに変身したのです。

確かに人間生来の性格はなかなか変えられないものですし、無理に変える必要はないと思いますが、仕事に関わる面は環境や役職の変化を好機ととらえ、意識して努力すれば自分を変えられるものだと実感しました。

その六「幸せのキーワードは健康・安全・家族・愛情・自立」

この五つのキーワードは、やはり集会等で生徒に話したことがあります。確かに今の世の中お金は必要ですし、出世によって得られるものもありますから、実生活においては財産や高い地位があるのに越したことはありません。しかし、よく考えてみてください。もし病気で早死にしたら？　投機に失敗し財産をそっくりなくしたら？　家族が皆離れ離れとなり一人だけになったとしたらどうなりますか？　金品は一時的な満足感を与えてくれますが、永久不滅のものではありません。五つのキーワードが満たされていなければ、まさしく砂上の楼閣となってしまうのです。

自分が本当に幸せな人生なのかどうかは、死ぬ直前までわからないのではないか、と私は思っていますが、それは人生が山あり谷ありで、日々刻々と変わっていくものだからです。私が様々なタイプの学校で出会った個性あふれる生徒達は、将来、財産、地位、学歴、職業において、おそらく大きな差が生じることでしょう。しかし、幸せの具体的な形は人によって十人十色であり、それらがすべて劣っていても、幸せに暮らしている人間を私は何人も知っています。そうしたことから、「健康・安全・家族・愛情・自立」がすべての人の幸せの共通基盤だと思うのです。この土台がしっかりしていれば、地位や名声を失うような人生の危機においても、メンツや見栄にこだわらずに、踏ん切りや開き直りができるのではないでしょうか。私は保護者や部外者から訴えられた時や、失敗すれば責任を取らなくてはならない時、よく次の言葉を呟きました。

「出世などどうでもいい、減給でも降格でもクビにさえならなきゃいい」

わいせつなどの犯罪行為でもない限り、さすがに「懲戒免職」の可能性は低いので、職務上のトラブルで裁判訴訟や損害賠償請求をされても構わないと開き直れました。ただ、自分一人で責任を取り切れないような問題に関しては、校長や県に迷惑をかけないように慎重に判断・対処をしましたが、いずれにしても人間、覚悟を決めると精神的にも落ち着きますし、また、おいそれと最悪の事態にはならないものです。

その七「性別・年齢・職業・学歴に関係なく、どんな人からも学ぶものがある」

私は大学生時代に、同級生の父親（当時高等学校校長）に出会ったことで教師の道に進むことになりましたが、皆さんも職業選択や結婚など、人生の転機となる人との出会いがあったかもしれません。家族や恩師、友人、同業者など、自分に影響を与えたり支えてくれたりする人は結構いるでしょう。

私の場合、妻がいなければ間違いなくこの波瀾万丈の教師人生を乗り切れなかったでしょう。

妻にはいくら感謝してもしきれません。また、先ほどの校長先生以外にも、恩師や同級生との素晴らしい出会いがありましたし、最初の赴任校で公私にわたり、先輩の先生方に面倒見ていただいたことも忘れません。

ところが、私にはまだまだサプライズな出会いや学びがありました。大学生時代、遊び仲間で行きつけのスナックに飲みにいった時のことです。そこはママさんがほとんど一人で切り盛りし、学生も気楽に飲めるような良心的なお店でした。私達数名がカウンター席で雑談している最中に、ママが突然怒り出したのです。

「あんたら、人生なめるんじゃないよ！」

私は会話の中心ではなかったので、どんな話をしていたのか詳細は思い出せませんが、どうやら働いてお金を稼ぐ話だったようです。都合のつく時だけアルバイトをして、生活費や交際費の足しにしていた者が多く、「こっちの仕事は時給が高いぞ」「この仕事はきつ過ぎるよな」「もっと楽に稼げる仕事ないかなあ」という会話を交わしていたと思います。ママさんは、時には嫌な客も相手にしながら毎日コツコツと働き、自分の力でお店を持つまでには血のにじむような苦労があったことでしょう。お金は楽をして稼げるものではないことを身にしみて感じていたママさんは、叱責したことで気分を害した我々が店に二度と来なくなるリスクも恐れず、「どんな仕事でも必死に働かなければ、自分の生活や家族を支えられない」ということを、世の中を知らない我々学生に教えてくれたのでした。

もう一人もママさんです。私が教育困難校に勤務していた時、部下を連れてホームグラウンドのようにお店を利用させてもらったのですが、私の転勤時、ちょうど彼女もお店を変わることになりました。私はこの年教頭になったのですが、元々出世したかったわけではありませんでした。ちょうど管理職の仕事に疑問を持ち始めていた時、彼女と会食する機会があり、何とはなしに自分の心境を次のように打ち明けたのでした。

「前任校（教育困難校）のようなチームワークが当たり前だと思っていたら、今度の学校はまったく違っていてバラバラだよ。管理職の仕事も予想以上に事務処理（文書整理等）や教員への指示・依頼が多く、授業以外生徒と直接かかわる場面は少ないなあ。そんな管理職の仕事にはあまり魅力を感じないし、校長とも意見が合わないことがある。自分は出世などどうでもいいと思っているが、前任校で世話になった教頭は僕に期待してくれているから、この先我を抑えて職務に当たるべきなのか悩んでしまうなあ」

すると彼女の口から、どちらかと言えば意外な言葉が聞かれたのです。

「和田さんは信念を持ち、熱い気持ちで今まで学校や生徒のために頑張ってきたじゃない。上司のために自分を殺すくらいなら、和田さんらしさを貫き、やりたいことを思い切りやってほしいなあ」

銀座のママさんや一流ホステスさんともなると、経営者や政治家の相談相手となって、出世を後押しする〈あげまん〉が多くいると聞いたことがありましたので、私は無意識に、彼女が

「将来活躍するために、今は本心を抑えるところは抑えて、冷静に職務をこなしていれば運が向いてくる」といった趣旨のことを言うのではないかと思ったのです。私の心の片隅に、誰かに忠告してもらえばそれを口実に自分のやりたいことを我慢し、割り切って言われるままに職務をこなしていけばよい、というずるい考えがあったのかもしれません。私は彼女の言葉を聞いてハッとしました。

「そうだ、これまでの生き方を変えたら和田ではない。魂を売ってまで出世しても前教頭は喜ばないだろう」

私は心から彼女に感謝しました。常連客が出世したほうが鼻も高く店の評判も高まるだろうに、彼女は自分の損得を考えないで、私のために本当に的確なアドバイスをしてくれたのです。

こうして良いきっかけをもらった私は、その後も妻が「和田流」の生き方に文句ひとつ挟まず協力してくれたため、迷うことなく悔いのない教師人生を送ることができました。

その八「数字は個の事象を表してはいるが、教育は数字では表せない」

近年学校には各種の評価制度が導入され、数値目標が課せられることが増えました。しかしそもそも、短期間で結果を求められる数値目標は教育にはなじみません。もし子供に教育効果があったのか、子供が立派に成長したのかを本当に検証するのであれば、大変ですが児童生徒の卒業から二〇〜三〇年後くらいにアンケートや訪問調査を実施して、学校教育で身についたもの、今の職業や生活状況、満足度・幸せ度などを調べるくらいまでしなければわからないでしょう。「交通事故数の減少」「遅刻者・欠席者の減少」など客観的数値で示せるものは単年度で取り組めますが、目先の結果に一喜一憂せず、手法とその効果を長期にわたって分析するなど、やはり子供の人間的な成長につながるものでなければならないはずです。

ですから単年度で自己目標がクリアできず、その結果評価が低くなったとしても気にしすぎないでください。出世もタイミングや運がかなり関係するくらいですから、ある意味割り切りが必要なのです。

その九「誠実な生き方をしていれば人生なんとかなる」

誠実な生き方とは、私利私欲のない真心をもって事に当たる生き方です。私は根がいい加減なところがあるため、どこまで誠実かは自信がありませんが、少なくとも自分としては誠実に行動したと思える年(期間)は、良いことが特別多くはなくても、運よく災難から免れたことが何度かありました。逆に不誠実な行動をしたと思える年は、見事にトラブルに巻き込まれたことをよく覚えています。

私は生徒に説諭するとき、「神様が見ているぞ!」ということをよく言います。非科学的かもしれませんが、誠実に生きていればやはり運が向いてくると思いますし、そう思って生きたほうが楽しいじゃありませんか。

その十「宿命を信じ、悪いことが起きても神様が自分に課したものと受け入れ、それを転機に新たな道を歩む」

私が五一歳になる時、父親が胃癌の摘出手術を受け、手術は一応成功したのですが約四か月後体調の異変が起こり、掛かりつけの病院に入院しました。実はこの年、仕事でもうまくいかないことが続き、まるで厄年のような年だったのです。私はこの年度末、教頭↓教諭への降格希望を申請します。その決断は一見後ろ向きのようですが、自分の「宿命」ではないかと感じたからです。

私はこの前年久しぶりに地元勤務となったのですが、まさに父親を看病し、母親を送り迎えするために戻ってきたかのようでした。父親の入院時、私は肌の合わない管理職の仕事を消極的に続けていましたが、今後単身赴任ができないことを悟り、この先、様々な場面で周りに迷惑をかけることを気にしていました。そんなある時、神様が「お前は管理職の仕事は合っていないから辞めて、今しかできない親孝行を先にしろ」と、道しるべを示してくれているように感じたのです。結局降格にはなりませんでしたが、その時決意表明したことが自分の生き方に踏ん切りをつけてくれました。私は迷惑のかけついでに毎年のように教頭留任を希望し、身内を世話するために通勤距離の短い学校に勤務させてもらったのです。

そして、最後の勤務校では野球部の第三顧問を引き受けたのですが、赴任まもない四月二〇日の朝、初めて野球の練習試合に出かける時でした。事もあろうに出発する直前に母から電話がかかってきたのです。胸が苦しいというのでアパートに駆けつけ、主治医と連絡を取ったうえで、救急車を呼び総合病院へ搬送してもらいました。最初は意識もしっかりして元気だったのですが、翌日から意識がなくなり、私は毎日集中治療室に通いました。結局母は一か月後、その病院で息を引き取りました。あわただしく葬儀を済ませたのもつかの間、残された障害者である兄の今後の面倒をどうするのか考えねばなりませんでした。兄の精神状態が不安定になり、施設への入所を拒絶したため、在宅介護、食事宅配などをフル活用し、何とか1Kのアパートで生活する算段をつけ、やっと九月から新しい生活をスタートさせたのでした。転勤直後このような事態になったことで、やはり私はこの時も、「お前は教職で静岡県に十分貢献したよ、ご苦労さん。今後は家族・親族を助けながら、余裕ができた時に社会貢献すればいいよ」という、神様の導きがあったと思ったのです。

皆さん、何か災難が起こると反省したり悔いたりして、自分を責めることが多いのではないですか？　そんな時、我慢し耐えて現状を維持しようとするのが普通ですよね。でも私はちょうど管理職に固執しない考えと重なり、「これが〈現状を変えろ〉という神の意思なら、その宿命に従い人生・仕事の転機ととらえて頑張ってみよう！」と発想の転換をしたわけです。

退職した今振り返ってみても、あの時の決断は間違っていなかったと、「宿命」に従った生き方に大変満足しています。

第6章　教師の生き方

1　皆さんの今後の人生は？

皆さんは今後、どんな教師生活を送りたいですか？　まず一般的に考えられるような目標をできるだけ挙げてみましょう。

- できれば校長になり、学校経営をしたい。
- 授業研究、教材研究を重ね、児童生徒のため「わかる楽しい授業」を極めたい。
- 部活顧問として生徒を指導する仕事をずっと続けたい。
- できれば進学校で、授業・補習・進路指導に励みたい。
- 教育相談・カウンセリング技術を身に付け、生徒の心の健康増進に努めたい。
- 三（六）年間継続してクラス担任を務め、児童生徒を育てて送り出したい。
- 生徒指導を通して、特に問題のある生徒の更生を後押ししたい。

まだまだ思いや夢があると思いますが、教師なら誰しも、このような目標を抱いて前向きな気持ちになることがあると思います。ただ、これらの思いを抱きながらも、現実の問題に直面することで、どうしても守りや逃げに入る考え方も出てきてしまいますよね。

・責任を負わされる管理職にはなりたくなく、とにかく無難に定年まで勤めたい。
・家庭の事情により時間外勤務は難しいので、部活動は運動部正顧問以外の職務を継続したい。
・これ以上給料や退職金が減額されるなら、定年前でも退職したい。
・生徒・保護者からのクレーム対応などで疲れ切ったので、できるだけ生徒保護者と軋轢が起きない職場やポジションで仕事がしたい。

私は、生き方は人それぞれだと思っています。ですから教師としての生き方も人それぞれ違っていいはずです。校長になるのもよし、生涯部活顧問を貫くのもよし、自分と生き方が違うからといって人を批判すべきではありません。特に私などは、降格希望を出したり単身赴任を断ったりと、正に我が道を行く勝手な教師人生でしたので、「同じ道を歩みなさい！」などと、とても言えるわけがありません。

ただ、どのような教師人生であれ、物事を消極的・否定的に考えるのか、積極的・肯定的に考えるのかで、その後の人生や仕事の楽しさは大きく変わると思います。地味でもマイペースであっても、教育や教師という職業にポジティブであれば充実するのではないでしょうか。

さて、この本を読んでくださっている方は、何とか元気をだして頑張ろうとする真面目な先生方が多いと思います。従って今後の教師人生について、私が叱咤激励するまでもなく、それぞれの目標・理想に向かって踏み出そうとするでしょう。ですから、私は先生方が充実した健全な教師人生を送れるようになるためのキーワード「**5つのH**」について、アドバイスしたいと思います。

人間を相手にする教育は先が読めないことが多く、なかなか理想通りにはいきません。精一杯努力してもダメなら、ある時点で**踏ん切り**をつけて諦めることも必要です。そこでいったん立ち止まり、冷静にこれまでの教育を検証した上で、新たな目標に**変更**すればよいのです。こういった**変更**は教職中何度あっても構わないので、世間体にこだわらず柔軟に実行してみてください。また、長い教師人生の中では大事故など不測の事態に遭遇することがあるかもしれません。残念ながら今の世の中は、正義・正論が通用しないことが多々あります。そんな時は相手からの攻撃をかわす意味でも、悔しいですが一時的に**避難**することも大事です。児童生徒や学校を守るためには、あなたの教育理念や指導方針を少しばかり押さえなければならないケースがあるからです。ただ、報道されるような大事件でもなければ、時には**開き直り**も必要になります。本物のモンスターペアレントには、どんなに誠意を示してもまったく通用しませんから、すべて手を打ったなら、あとは運を天に任せて正々堂々と対応したほうが良いでしょう。そして教師である前に日々**人として**素直に生きてみてください。片意地張らずに等身大で仕事に取り組めば、あなたの教師人生は充実したものになると思いますよ。

最後に、教師である皆さんにどうしても伝えておきたい三つのメッセージがあります。

①どれだけ民間（企業）人が優秀でも、子供への愛情は教師にはかなわない。
②子供を教えることに最も向いているのは、それを職業として選んだ教師である。
③〝お節介、融通のなさ、世間知らず〟は教師としての証しである。

教師としての日々で何かにつまずいたり壁に直面したとき、どうか自分が教師になった時のことを思い出してみてください。今の役職や業績にかかわらず、教師という職業に誇りと自信をもって、目の前にいる子供の成長のために、ぜひあなた自身の生き様を語り継いでいってほしいと思います。

2　私の退職後の人生

それでは私は残りの人生これからどう生きるのか、生きたいのか、恥ずかしながら紹介したいと思います。

兄の介護

述べたように兄は精神障害者ですから、今後どこまで独居生活が続けられるか、予断を許しません。健康状態に大きな変化がなければ、六五歳までは何とか今の生活が維持できるように定期的な訪問と生活管理を続けていくつもりですが、次のように心配はつきません。
・病状・健康状態が悪化し、独居生活を続けられなくなったらどうするか？　その場合精神科病棟などに入院できるのか？
・六五歳になった時（約三年後）、老人ホームへ移ることは可能なのか？　ただ、一番の問題は、兄自身が施設での集団生活を嫌がっていることで、歳とともに独居生活が難しくなるなか、一体どのようなサポートが可能なのか？
・国から障害者年金をいただき本当に助かっているが、独居生活のため毎月の家計（住居費・光熱費・食費・医療費等）は赤字である。母の遺産を少しずつ切り崩しながら生活費を補っているが、果たしてどこまでやっていけるか？

これからも嫌なことや困ることはたくさんあるでしょうが、ここまでやるべきことはやってきましたので、心配ばかりしてもきりがありません。また、兄がおかしくなったのはいじめが原因であり、本人に責任はありません。

「和田家の不幸を兄が一身に背負ったから、私はこれまで満足のいく人生を送ってこれたのだ」と思えば、兄をサポートしていくこともその恩返しであり、やはり私の「宿命」だと受け入れることができるのです。

妻への恩返し

随所に妻への感謝は書きましたが、とても文章では書き尽くせません。私が無事に教職を全うできたのは、一にも二にも妻のおかげです。超教育困難校時代、生徒指導の最前線で働いていた時、「何でこんな学校に転勤になったの？」「嫌がらせの電話とか怖いから、この仕事（生徒指導主事）早く代わってよ！」など、ある意味当然と思われる愚痴を、妻からは一度も聞いたことがありませんでした。また、私が管理職からの降格を希望した時も、「あなたが校長にならない方が私は気楽でいいから、思った通りに決めて」と同意してくれたのです。私が言い出したら聞かない性格だということもあったのでしょうが、すぐに賛成してくれてたいへん気が楽になりました。

定年一年前に早期退職する時も、最初は生活のこともあり賛成しかねていましたが、私が今後の生活設計を丁寧に説明すると同意してくれました。給与・賞与で考えれば数百万は少なくなってしまうのに、私の思いを優先してくれたのでした。

そんな妻への恩返しとして、これからは私自身健康増進に努めながら、妻の希望をいつも最優先に考えて協力していこうと思っています。

息子へ伝えるもの

私はこの本などで、教育に関し結構偉そうなことを言っていますが、改めて自分の子供を育てることは難しいものだと実感しています。なぜなら、息子達はこれまで順風満帆の人生ではないからです。

しかし、言い訳のように聞こえるかもしれませんが、今の結果がかんばしくないからそれまでの教育が間違っていた、と考えるのは早計だと思います。なぜなら教育は、すぐに効果が現れることばかりではありませんし、受験や就職のような形に現れるものだけが教育効果とは言えないからです。また、立派な大人に成長させるために信念を持って教育したとしても、自分の子供にはすぐに受け入れてもらえないことも多々あります。日頃厳しくうるさいことばかり言っていれば、その時は煙たがられますが、大人になった時、そして親になった時、大切なことに気づいてくれれば良いと思って親は教育するのではないでしょうか。

私は教師の仕事に誇りを持っていながら、息子達を自分から教職の道に進ませようと考えたことはありませんでした。なぜなら、息子達は親が教師であるが故の嫌な面を見たこともあるでしょうが、何より私が職を賭すほどリスクの高い生徒指導の仕事をしていた状況を間近で見ており、親としてとても無理強いはできなかったからです。さらに、私自身がそうであったように、父親と違う道を進むのはある意味自然だとも思っていました。

ただ、道は違っても、息子達の生き方を信じようと思うのは、彼らが幼少～高校生の時、私は教育困難校での魂を込めた生徒指導を通して、胸を張れるような生き方を自分の身体で伝えられたのではないかと思えるからです。

「自立し、誰か（何か）のために誠実に生きる」ことさえ見失わなければ、子供は子供の人生を好きなように歩めばよいのではないでしょうか。そういうわけで、私はこれからも、日本の未来を担う息子達のような若者の手本となれるように、自分の生き様をしっかり刻んでいこうと思います。

社会貢献活動

私は母や兄の介護を通して、日本の社会保障制度の恩恵を実感したわけですが、家族がお世話になった恩返しに、私なりの社会貢献活動に取り組んでいこうと考えました。

そして二、三年前から、私は主に教育関係者などに役立ちそうな教育実践を地道に伝える活動を続けています。また、全国のどんな小さな講演や研修会でも、必要とされれば駆けつけ、現場の先生方、保護者や学生の皆さんに有意義な話・アドバイスができればと思い、講演活動も始めました。

好きな自転車での健康増進

趣味の自転車は現在も続けています。今後は適度に身体を鍛え、地元の方とのサプライズな出会いを楽しみにしながら、月一回程度のペースで全国のサイクリング大会に参加するつもりです。特にまだ訪れたことのない土地で、静岡と異なる文化や風土に触れるなどして視野を広げ、気持ちをリフレッシュさせることで、新たなエネルギーが湧いてくるのが今から楽しみです。サイクリングはできればもう一〇年、いや一五年は続けていきたいですね。

人生最後は周りに迷惑をかけず笑顔で死にたい

数年前、「あのねのね」の清水国明さんの講演を聞いたことがありました。その中で「直角人生」について話してくださったのですが、高齢まで心身ともずっと元気で活動的に過ごし、或る時ポックリ死ぬ人生なのだそうです。この講演直後、あるＰＴＡ役員から「まさしく和田先生は直角人生だね」と言われたのですが、確かに私の望みに近いと思います。ただ、死ぬ直前でもいいから、自分が死ぬことを自覚して逝きたいと思うのは贅沢でしょうか。

人生先のことなどわかりませんが、やるべきことをやり終え、配偶者をはじめ家族にできる限り迷惑をかけず、自分自身も長く苦しまないで逝くのが終活の理想でしょうか。死ぬ時は人生に満足した穏やかな顔で逝きたいなあと思っています。

あとがき

この本を書くきっかけとなったのは、前作でもお世話になった共栄書房の佐藤さんの一言でした。

「和田先生、今度は先生の貴重な教育実践を通して、特に若い先生方にアドバイスするようなものがいいんじゃないですか？」

実はその二、三か月前、地元の大学で教職課程の学生相手に生徒指導の特別講義を行ったのですが、学生たちは居眠りもせず、真剣に私の話を聞いてくれました。講義後、学生の感想もいただいたのですが、その素直さ・前向きさに、日本の将来は決して暗くないと確信しました。この時私は、今まで教育実践を通して得たものを、現役教師や教師を目指す学生達に、語り伝えていく必要性を感じたのです。

佐藤さんの話を聞いてこの思いがマッチングしました。前作『実録・高校生事件ファイル』は、確かにセンセーショナルだったと思いますが、多くの先生方はあまり経験されたことのない特殊な世界の話が中心でした。今度は、先生の日常業務の中で誰もが関わるような問題に焦点を当て、現場の教師を応援する本にしようと考えがまとまったわけです。

この本で皆さんがどの程度ストレスを解消され、エネルギーを蓄えられたかはわかりませんが、全国百数十万人のできるだけ多くの先生方に、すこしでも元気になってもらえれば、それが日本の教育や社会を立て直す根源となるはずです。そのためにも私達は、将来子供への真の教育（倫理観・責任感・自立心を持った立派な大人に成長させること）が堂々と行えるように、教育現場（特に教師）の現状を改善していかねばなりません。それができれば、意欲・エネルギーにあふれる教師や市民が増えていき、やがては彼らが日本社会をより良い方向へ動かす推進力となっていくはずです。

「サイレント・マジョリティ」とは、日本人の特徴をよく表しています。しかしそろそろ、政府、官庁、大企業、マスコミ任せの無関心や無責任はやめにしませんか？　今こそ一市民・一教師が勇気を奮って小さな一歩を踏み出し、日本の未来を明るい輝けるものにしていこうではありませんか。

拙著の出版にあたり、今回も共栄書房の平田社長並びに編集部の佐藤恭介さんには、いろいろとアドバイスをいただくなど、大変お世話になりました、私の思いが再び本という形で表現できたのはまさしくお二人のおかげであり、この紙面を借りて改めてお礼申し上げます。

和田慎市（わだ・しんいち）

1954年、静岡県生まれ。東北大学理学部卒業。

宮城県・静岡県公立高等学校教諭・教頭として36年間11校の多種多様な高校に勤務し、主に危機管理や生徒指導実践において長年教育界に尽力。2014年3月退職し、現在は公立高等学校講師を務めるかたわら、講演会・研修会などを通じ、現役教師や学生をサポートする活動を行っている。

著書に『実録・高校生事件ファイル』（共栄書房）。


すばらしきかな、教師人生——先生が元気になる本

2015年1月25日　初版第1刷発行

著者 ———— 和田慎市
発行者 ——— 平田　勝
発行 ———— 共栄書房
〒101-0065　東京都千代田区西神田2-5-11出版輸送ビル2F
電話　03-3234-6948
FAX　03-3239-8272
E-mail　master@kyoeishobo.net
URL　http://kyoeisyobo.net
振替　00130-4-118277
装幀 ———— 黒瀬章夫（ナカグログラフ）
印刷・製本 ——— 中央精版印刷株式会社

ISBN 978-4-7634-1062-7 C0037